5S Xianchang Guanli

21世纪高等职业教育精品教材·工商管理类
产教融合校企"双元"育人项目成果

5S现场管理

富媒体智能型教材

陈玉国　主审
马蔚然　程云　主编
王朝晖　谢艾秀　副主编

东北财经大学出版社　大连
Dongbei University of Finance & Economics Press

图书在版编目（CIP）数据

5S现场管理 / 马蔚然，程云主编. —大连：东北财经大学出版社，2023.10

（21世纪高等职业教育精品教材·工商管理类）

ISBN 978-7-5654-4974-1

Ⅰ.5…　Ⅱ.①马…②程…　Ⅲ.企业管理–生产管理–高等职业教育–教材　Ⅳ.F273

中国国家版本馆 CIP 数据核字（2023）第 190616 号

东北财经大学出版社出版

（大连市黑石礁尖山街217号　邮政编码　116025）

网　　址：http://www.dufep.cn

读者信箱：dufep@dufe.edu.cn

大连雪莲彩印有限公司印刷　　东北财经大学出版社发行

幅面尺寸：185mm×260mm　　字数：225千字　　印张：11

2023年10月第1版　　　　　　2023年10月第1次印刷

责任编辑：郭海雷　曲以欢　石建华　　责任校对：刘贤恩

封面设计：原　皓　　　　　　　　　版式设计：原　皓

定价：32.00元

富媒体智能型教材出版说明

"财经高等职业教育富媒体智能型教材开发系统工程"入选国家新闻出版广电总局新闻出版改革发展项目库，并获得文化产业专项资金支持，是"国家文化产业资金支持媒体融合重大项目"。项目以"融通""融合""共建""共享"为特色，是东北财经大学出版社积极落实国家推动传统媒体与新媒体融合发展的重要举措之一。

"财济书院"智能教学互动平台是该工程项目建设成果之一。该平台（www.idufep.com）通过系统、合理的架构设计，将教学资源与教学应用集成于一体，具有教学内容多元呈现、课堂教学实时交互、测试考评个性设置、用户学情高效分析等核心功能，是高校开展信息化教学的有力支撑和应用保障。

富媒体智能型教材是该工程项目建设成果之二。该类教材是我社供给侧结构性改革探索性策划的创新型产品，是一种新形态立体化教材。富媒体智能型教材秉持严谨的教学设计思想和先进的教材设计理念，为财经职业教育教与学、课程与教材的融通奠定了基础，较好地避免了传统教学模式和单一纸质教材容易出现的"两张皮"现象的发生，有助于教学质量的提高和教学效果的提升。

从教材资源的呈现形式来说，富媒体智能型教材实现了传统纸质教材与数字技术的融合，通过二维码建立链接，将VR、微课、视频、动画、音频、图文和试题库等富媒体资源丰富呈现给用户；从教材内容的选取整合来说，其实现了职业教育与产业发展的融合，不仅注重专业教学内容与职业能力培养的有效对接，而且很好地解决了部分专业课程学与训、训与评的难题；从教材的教学使用过程来说，其实现了线下自主与线上互动的融合，学生可以在有网络支持的任何地方自主完成预习、巩固、复习等，教师可以在教学中灵活使用随堂点名、作业布置及批改、自测及组卷考试、成绩统计分析等平台辅助教学工具。

"重塑教学空间，回归教学本源！""财济书院"平台不仅仅是出版社提供教学资源和服务的平台，更是出版社为作者和广大院校创设的一个自主选择和自主探究的教与学的空间，作者和广大院校师生既是这个空间的使用者和消费者，也是这个空间的创造者和建设者，在这里，出版社、作者、院校共建资源，共享回报，共创未来。

最后，感谢各位作者为支持项目建设所付出的辛劳和智慧，也欢迎广大院校在教学中积极使用富媒体智能型教材和"财济书院"平台，东北财经大学出版社愿意也必将携手广大职业教育工作者走向更加光明而美好的职教发展新阶段。

东北财经大学出版社

前言

伴随着社会生产力的飞速发展和经济环境的不断变化，企业要想谋取更大的发展，就必须转变管理思维。实践证明，大力推行 5S 现场管理模式，改进现场管理工作体制，提升现场管理水平，能够切实提高企业的活力和竞争力。

"现场管理"课程于 2023 年被评为辽宁经济职业技术学院校级精品在线课程。本教材是中国特色高水平高职学校和专业建设计划建设项目（教职成函〔2019〕14 号）和辽宁省高等职业教育兴辽卓越专业群立项建设项目的阶段性成果，是在全面理解《国家职业教育改革实施方案》等相关职业教育文件的基础上，为进一步深化职业教育"三教"改革而推出的校企"双元"育人项目成果。本教材通过充分的前期调研，以贴近真实岗位、贴近实际工作为编写宗旨，多角度、全方位、深入浅出地介绍了 5S 现场管理的工作内容。与同类教材相比，本教材具有以下特色：

1. 立足中国企业管理实践推动理论创新。在每个项目中提炼思维导图，并以工作场景的形式导入，循序渐进，方便阅读。通过探索本土化与国际化兼具的中国特色现代企业管理学理论构建路径，挖掘中国企业创新发展中的独特情境变量，提升企业核心竞争力，助力我国经济高质量发展。

2. 课程思政素质化。在学习目标中设置"素养目标"，秉承"三全育人"理念，落实劳动育人。正文中设置"中国实践"栏目，以"立德树人"为价值引领，讲好中国故事，传播好中国声音，力求做到如盐入水，润物无声，在内容上融合"知识传授+能力培养+价值引领"新形态。

3. 加强融媒体建设。党的二十大报告中强调加快建设"网络强国、数字中国"和"加快发展数字经济，促进数字经济和实体经济深度融合"。本教材以互联网为基本载体，将传统纸质媒体与新兴数字媒体相融合，综合利用文字、图片、动画、音频、视频等不同方式展示教材内容，增强交互性，为学习者提供友好的、沉浸式的工作情境模拟和职业岗位活动体验。

4. 充分体现时代性。本教材的内容与思想与时俱进，淘汰旧知识，并将新技术、新工艺、新规范、典型生产案例及时纳入教材。体例设计体现构建"纸质教材""数字资源""在线开放课程""数字课程"四维一体的教学资源体系，服务于学生"四有（有用、有景、有趣、有效）"好课堂的赋能升级。

需要说明的是，教材中提及的"善言无瑕集团有限公司"等公司名称是为了方便教学而设置的，故事中的人物名字皆为化名，如有雷同，纯属巧合。

特别鸣谢：北京瑞森教育咨询有限公司在此书微课视频资源中给予的大力支持。在面临项目时间紧张、资源有限、难度较大等困难与挑战下，他们以优质的服务、令人钦佩的专业能力和团队合作精神，很好地支持了本书中微课视频资源的交付，在此表示感谢。

教材编写团队由政治导向正确、熟悉相关行业发展前沿知识与技术、教材编写经验丰富的一线教师、企业专家及信息技术专业人员组成。本教材由辽宁经济职业技术学院副教授马蔚然、教授程云、讲师张淑红，沈阳职业技术学院教授王朝晖，广东财贸职业学院中级经济师谢艾秀，万风康医疗管理（深圳）有限公司副总经理邱昭泉，浙江北泽阀门科技有限公司销售经理吕娜共同编写，由具有5S现场管理丰富经验的山东水发电力集团有限公司高级工程师陈玉国担任主审。其中，马蔚然、程云任主编，王朝晖、谢艾秀任副主编。马蔚然负责大纲和框架设计，以及全书的统稿工作，具体编写了项目一、项目二、项目五和项目七；程云编写和设计了配套资源虚拟仿真项目"中小企业定置管理虚拟仿真实训系统"（该项目入选2022年辽宁省职业教育虚拟仿真实训项目（辽教办〔2022〕309号序号25））；项目三、项目四由程云、谢艾秀共同编写；项目六由王朝晖编写；马蔚然、王朝晖负责绘制书中部分图稿。教材中的课程思政内容由张淑红完成，书中现场图片来自企业现场，由陈玉国、张淑红、吕娜拍摄供稿。在编写过程中，辽宁经济职业技术学院讲师刘鹏提供了部分课程材料，辽宁经济职业技术学院副教授刘好慧提供了宝贵意见，邱昭泉、吕娜提供了宝贵的一线案例和工作指导，为教材校企双元合作开发提供支持，东北财经大学出版社编辑郭海雷进行了具体的指导，教材中部分内容参阅并借鉴了国内外优秀著作和一些网络资源，参考文献无法一一列出，在此一并感谢。

本教材既可以作为高等职业院校工商管理类、公共管理类专业学生的教学用书，也可以供相关从业人员使用。

由于编者水平有限，不足之处在所难免，恳请读者批评指正。

编　者

2023 年 7 月

Contents

目录

5S现场管理概述

【学习目标】

＊知识目标

◆ 了解5S的含义。

◆ 了解5S之间的关系。

◆ 明确推行5S现场管理的作用。

＊技能目标

◆ 具备提升5S现场管理水平的能力。

◆ 能够指出现场管理不到位的相关问题，推行5S现场管理。

＊素养目标

◆ 具有强烈的社会责任担当和敬业精神。

◆ 厚植5S现场管理意识，培养严守标准的理念。

◆ 培养事前有准备、事中有控制、事后有检查、不断改进和提高精进的习惯。

◆ 强化团队协同管理精神，培养大局意识。

◆ 养成积极、全面、周到的意识，培养不断创新进取的品质。

【思维导图】

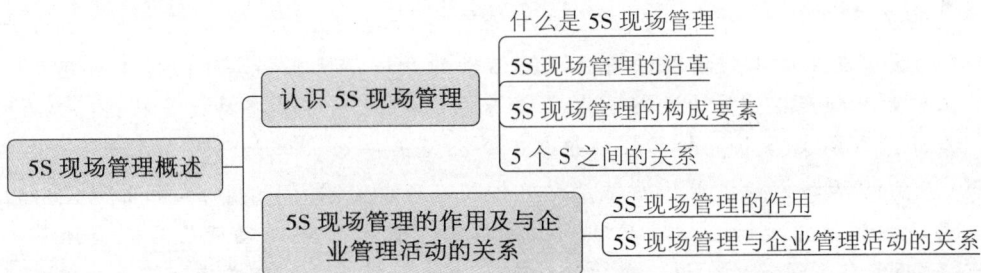

工作场景

现场改善解
决问题源头

现场改善解决问题源头

善言无瑕集团有限公司车间内，操作员葛田力走到刘阳洋身边，随手拿起一个扳手，拧了拧车床上松动的螺母，说："你知道吗，上级要来我们车间检查。"刘阳洋说："乱糟糟的，心情很烦，领导什么时间来检查啊，也别太丢人了，要不咱俩干完活收拾收拾吧。"两人正在说着，班组长郝大壮走了过来，"嘀咕啥呢？刚才李秘书打电话说领导要来，你俩把手里的活放一放，做个大扫除。"葛田力说："郝班长啊，我俩正在说这事呢。小道消息比你早知道，我俩正在说要大扫除的事情呢。"葛田力和刘阳洋关闭了机器，开始清扫机台和地上的垃圾。

郝大壮说："我去拿抹布，擦擦灰尘。"他向卫生间走去，途中一个趔趄，滑倒了，"哎呀，我的腰啊！"手一触及地面，滑溜溜的，闻了闻，一股子机油味儿呛得他打了个喷嚏。"地上怎么这么多的油？"他撑着地面想站起来，却怎么都站不起来。

刘阳洋和葛田力赶忙过去，好不容易才扶起郝大壮。葛田力说："怎么样啊，郝班长，我上次就是在这里滑倒的，腰现在还疼呢，我俩扶你去医务室看看吧。"

三个人手忙脚乱地来到医务室，医生田梅花看完了郝大壮的伤势，说："腰扭伤，得给你开病假条，至少要卧床休息两周。"郝大壮连连摇头："这怎么行，工期催得紧，我要是躺下了，活谁干啊？"

两周之后，郝大壮伤好回到车间，正值公司引进5S活动。

公司总经理李乐东对厂房的清洁工作十分重视，在推行5S活动一年之后，厂房发生了奇迹般的变化。设备控制面板加装透明盖，便于透视且起到防护作用。每次下班，操作员刘阳洋均能自觉地将透明盖盖好并保持干净。

总经理李乐东嘱咐人力资源部部长谢东盛说："要经常组织员工学习安全知识，避免工伤的发生。"谢东盛汇报说："自从推行了5S活动，工伤人数显减少。已经连续2个季度没有发生因工伤请假的情况。5S活动的开展，使相邻工序的员工自觉互检互助，工作效率和产品质量均逐渐提升。"李乐东说："太好了，坚持就是胜利，加油！"

在总结表彰大会上，郝大壮班组拿了全公司第一名。郝大壮代表车间发表感言，他说："在5S活动推行之前，清洁活动只停留在表面，每周一次的大扫除只是对地面和容易清扫的地方进行清洁，日常则由清洁工人代劳。5S活动开展后，全体员工对'清洁'两字有了深入的认识，每次清洁都是从地面到天花板彻底清洁。自从颁布了清洁制度和相关标准，我们坚持每天5分钟，有效地保证了环境的清洁。尤其是每月一次的部门之间的清洁活动竞赛，让全体员工更加认真地对待日常清洁工作，将工作场所内的物品区分为必要的和不必要的，将不必要的物品加以整理；为某些机器特制了一些透明外壳，防尘防污；设计了每日清洁稽查表，员工互相检查、互相监督，每日公布结果，促进良性竞争；对油口、水槽、杂池、接口等特殊部位，制定了清洁标准和周期。此外，车间还定期组织各种'寻宝'活动，寻'宝'即查找'问题源头'。"

表彰大会之后，李乐东在经理办公会上发言："郝大壮班组提到的'寻宝'活动，寻'宝'即查找'问题源头'，我们公司各车间从现在开始推广，不设置上限，由5S管理委员会鉴定后，即刻给予金钱奖励，提高员工对5S活动的重视程度以及员工的工作热情。"

企业推行5S活动前后的工作现场如图1-1所示。

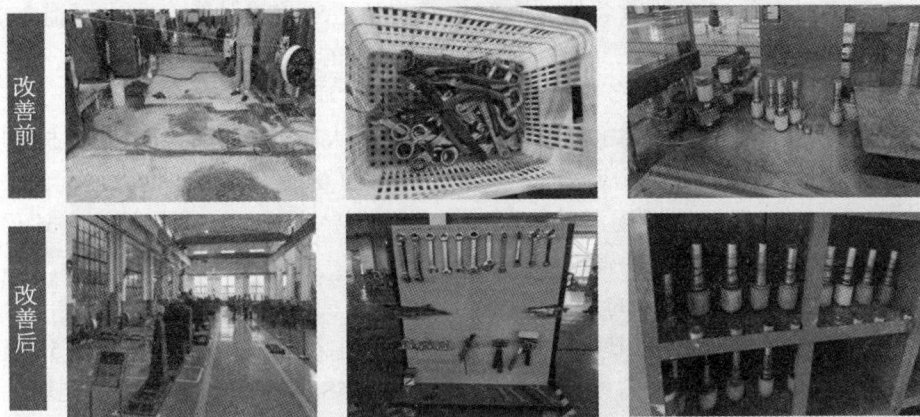

图1-1 5S活动前后现场对比图

启示： 善言无瑕集团有限公司实施5S活动后，取得了显著的成果。其原因如下：首先，该公司自上而下对5S活动有一个清晰而正确的认识，将其与大扫除区分开来。其次，在5S活动的推行中，该公司处处结合自身企业特色制定标识、制度以及一些检查表等。该公司还定期组织各种"寻宝"活动，提高了员工对5S活动的重视程度以及工作热情。因此，该公司成功推行5S活动不是偶然的，而是必然的，值得其他企业借鉴。

任务一 认识5S现场管理

微课 1-1

认识 5S 现场管理

一、什么是5S现场管理

5S现场管理起源于日本，是指在生产现场中对人员、机器、材料、方法等生产要素进行有效管理的一种管理方法。5S是指整理（Seiri）、整顿（Seiton）、清扫（Seiso）、清洁（Seiketsu）、素养（Shitsuke）5个项目，因其日语的罗马拼音均以"S"开头而称为5S管理，简称为"5S"。其核心是"素养"，最终目的是"提升人员的素质，养成好习惯"。

1955年，日本的5S现场管理的宣传口号为"安全始于整理，终于整理整顿"。当时只推行了前两个"S"，其目的仅仅是确保作业空间和安全。因生产和品质控制的需要，后来逐步提出了"3S"，即清扫、清洁、素养，应用空间及适用范围得以进一步拓展。从1986年开始，有关5S的著作相继问世，现场管理模式得到重视，日本掀起了5S现场管理的热潮。

3

二、5S现场管理的沿革

（一）日本国内5S现场管理的发展历程

日本学者越前行夫在他所著的《图解生产实务：5S推进法》一书中写道："作为企业基础的5S管理如果不复存在的话，就算用再好的生产技术，也只能抱着金碗挨饿。"第二次世界大战后，很多日本企业将5S现场管理作为一种特别的手段，促进了其产品品质的迅速提升，日本也逐步奠定了其经济大国的地位。可以说，5S现场管理在塑造企业形象、降低生产成本、现场改善等方面发挥了巨大作用。在丰田公司的倡导和推行下，5S现场管理逐渐被各国的学界和业界所认识。随着经济全球化的发展，5S现场管理已经成为工厂管理的一股新潮流。

（二）5S现场管理在中国的发展历程

伴随着改革开放，20世纪80年代，日本企业进入中国，中国引进了5S现场管理。根据企业进一步发展的需要，有的公司在原来5S现场管理的基础上又增加了节约（Save）及安全（Safety）这两个要素，形成了"7S"；也有的企业加上习惯化（Shiukanka）、服务（Service）及坚持（Shikoku），形成了"10S"。但万变不离其宗，所谓"7S""10S"，都是从"5S"衍生出来的。

目前，对于中国企业管理者来说，"5S"已经不是一件新鲜事物。有的企业扎实推进5S现场管理，已取得成效，提高了管理水平；有的企业误读与曲解了5S现场管理，使5S现场管理流于形式，未能真正见到实效。

三、5S现场管理的构成要素

（一）整理——区分清理

整理就是区分必需品和非必需品，现场不放置非必需品。

（1）将混乱的状态收拾成井然有序的状态。

（2）推行5S现场管理是为了改善企业的体质。

（3）整理也是为了改善企业的体质。

（二）整顿——定置标识

整顿就是能在30秒内找到要找的东西，将寻找必需品的时间减少到零。

（1）能迅速取出。

（2）能立即使用。

（3）处于可以避免浪费的状态。

（三）清扫——点检维护

清扫就是将岗位保持在无垃圾、无灰尘、干净整洁的状态。清扫的对象如下：

（1）地板、天花板、墙壁、工具架、橱柜等。

（2）机器、工具、测量用具等。

（四）清洁——维持效果

（1）将整理、整顿、清扫进行到底，并且予以制度化。

（2）管理公开化、透明化。

（五）素养——约束习惯

素养是5S现场管理的精髓，就是对已规定的事情，大家都要认真地遵守执行。

（1）严守标准，强调团队精神。

（2）养成良好的5S现场管理的习惯。

表1-1列出了5S现场管理所对应的中文、日文的文字表述及目的和典型例子。

表1-1　　　　　　　　　　　　　　　　　5S现场管理含义表

中文	日文	目的	典型例子
整理	せいり（Seiri）	区分清理	倒掉垃圾，长期不用的东西放仓库
整顿	せいとん（Seiton）	定置标识	30秒内就可找到要找的东西
清扫	せいそう（Seiso）	点检维护	谁使用谁负责清扫（管理）
清洁	せいけつ（Seiketsu）	维持效果	管理的公开化、透明化
素养	しつけ（Shitsuke）	约束习惯	严守标准，团队精神

四、5个S之间的关系

如图1-2所示，5S并不是各自独立、互不相关的，它们之间是一种相辅相成、缺一不可的关系。整理是整顿的基础，整顿又是整理的巩固，清扫是显现整理、整顿的效果，而通过清洁和素养，企业的气氛整体将得到改善。

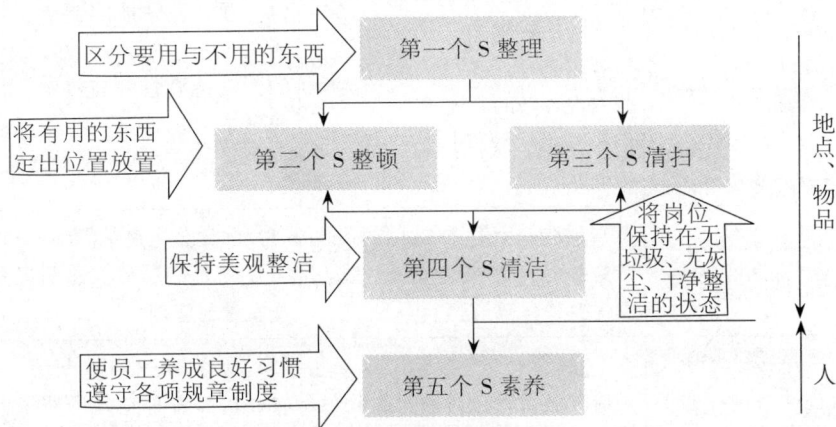

图1-2　5S关系示意图

【拓展阅读】

5S关系口诀

只有整理没有整顿，物品真难找得到；

只有整顿没有整理，无法取舍乱糟糟；

只有整理、整顿没清扫，物品使用不可靠；

3S之效果怎保证，清洁出来献一招；

标准作业练素养，公司管理水平高。

5S的目标是通过消除组织的浪费现象和持续改善工作环境，使公司管理维持在一个理想的水平。5S的推行目的与活动示例见表1-2。5S各有侧重，互相辅助，效果就会更佳。

表1-2   5S的推行目的与活动示例

项目	概要	目的	活动示例
整理	(1) 发生源对策 (2) 层别管理	(1) 没有无用、多余的物品 (2) 尽可能地减少半成品的库存数量 (3) 减少架子、箱子、盒子等	(1) 清除无用品，采取发生源对策 (2) 明确原则，果断消除无用的物品 (3) 防止产生新的污染源 (4) 推进组织编排系统，确保空间并使其逐渐扩大
整顿	(1) 有效、整齐地保管物品 (2) 无寻找时间	(1) 做到必要时能立即取出需要的物品 (2) 决定正确的存放布局，以便充分地利用狭窄的场所 (3) 在提高工作效率的同时创造安全的工作环境	(1) 高效能的保管和布局 (2) 创造整洁的工作环境，打造高效能（质量、效率、安全）的物品存放的方法和布局 (3) 彻底进行定点存放管理，减少寻找物品的时间
清扫	(1) 清扫、点检 (2) 环境的状况	(1) 维护机修设备的精度，减少故障的发生 (2) 创造清洁的工作场所，早些发现设备的不完善 (3) 实行能及时采取措施的体制	(1) 通过高效能的要求，使工作场所清洁化，实现无垃圾、无污垢 (2) 维持设备的高效率，提高产品质量 (3) 强化对发生源的储备对策
清洁	(1) 一目了然的管理 (2) 标准化的管理	(1) 创造一个舒适的工作环境 (2) 持续不断地整理、整顿，以保持或保障安全、卫生	(1) 强化公用设备的维护和管理 (2) 努力使异常现象明显化并通过观察进行管理
素养	(1) 培养良好的习惯 (2) 创造有规律的工作环境	创造能赢得顾客信赖的关系	(1) 创造良好的工作场所 (2) 培养各种良好的礼节，养成遵守集体决定事项的习惯

●边学边练●

调研周边企业实施5S现场管理的实例，结合你的观察，说说5S现场管理的内涵有哪些。

任务二　5S现场管理的作用及与企业管理活动的关系

微课 1-2

5S现场管理的作用及与企业管理活动的关系

一、5S现场管理的作用

推行5S有八个作用：在亏损、不良、浪费、故障、切换产品时间、事故、投诉、缺勤等八个方面都为零，也有人称这样的工厂为"八零工厂"。5S管理从体制上、具体措施的落实上提出一套可靠、高效的管理办法，可以为企业带来诸多好处，如提高生产力，降低成本，提高产品品质，保证货物装载、运输、交付等，保证安全生产，提高员工工作士气，对提升企业的整体软、硬实力都是立竿见影的，可谓一举多得。

（一）亏损为零——5S是最佳的推销员

据统计，每天在生产现场额外产生的成本占企业利润的30%。如果企业对现场管理得不好，现场杂乱不堪，那么产品的生产会经常出错，生产成本会增加，作业效率会降低，订单交期也会一拖再拖。如果现场的各种问题不能及时被发现并解决，企业整体的运营成本将居高不下，经营周转将冗长缓慢，以致企业无法获取应有的利润而亏损。如果现场非常混乱，那么企业有再高明的经营策略都无法落实，再高超的产品技术都无法创造利润，企业的经营目标也将变成空想。在日常工作中，员工身边会堆积很多平时用不着的物品，这些物品会妨碍正常的工作，或者耽误工作时间，因为常常翻箱倒柜才能找到工作中真正需要的物品。因此在工作开始前，员工需要开展5S活动把它们清理掉。在企业中，由于没有及时开展5S活动，导致积压了好多没有用的物品，这些物品不仅会占用储物空间，还会使员工心情烦躁或者浪费时间去翻找，从而造成工作上的失误或者效率低下，甚至在有些情况下，会形成一些安全隐患。另外还有一种情况：已经有A物品了，但是由于没有好好整理，导致员工无法找到A物品，于是又采购A物品来使用，结果造成了浪费。可以发现，企业不常整理现场不仅导致作业空间缩小、物品堆积过量，由此还会造成浪费、失误以及引发各类事故。因此，企业只有全员齐心协力、积极参与，彻底推行5S活动，挪走不常用的物品，最大限度地减少浪费和失误，才能确保现场的整洁和安全。

一个实施5S管理的企业，在行业内会被认为是干净和整洁的代表。推行5S管理，改善零件在库周转率，不仅能降低生产成本，减少浪费，还能有效地降低其他各类成本。没有缺陷，没有所谓的不良，配合好的声誉，就会使口碑在客户之间相传，忠实的客户就会越来越多；知名度也会提高，很多人都会慕名来参观这样的企业；人们都会抢着购买这家企业所生产的产品。整齐、整洁的工作环境，容易吸引顾客，让顾客心情舒畅；同时，由于口碑相传，企业会成为其他企业的学习榜样，从而改善和提高企业形象，大大提高企业的声望。

（二）不良为零——5S是品质零缺陷的护航者

产品严格地按标准和要求进行生产。干净整洁的生产场所可以有效地提高员工的品质意识。机械设备的正常使用和保养，可以减少残次品的产生。员工应明了并做到

7

事先预防问题的发生，而不能仅注重出现问题后的处理。环境整洁有序，使异常现象一眼就可以被发现。

5S现场管理能够减少直至消除故障从而保障品质。优良的品质来自优良的工作环境。如生产涉及洁净车间，干净、卫生的生产车间就会保证产品的良品率；如产品生产依赖于昂贵的进口设备，就要求操作人员要对设备进行及时的维护、保养、清洁，如此才能保证生产不停歇，保证产能的实现。如此也与员工的职业素养息息相关。

（三）浪费为零——5S是节约能手

企业推行5S的过程可使员工的素养得到提升，从人的主观上形成浪费可耻的观念，无形中让企业及时止损，提高生产效率。

5S的推行能减少库存量，排除过剩的生产，避免零件及半成品、成品的库存过多。若工厂内没有推行5S，则势必因零件及半成品、成品的库存过多而造成积压，甚而致使销售和生产的循环过程流通不畅，最终企业的销售利润和经济效益的预期目标将难以实现。5S的推行能避免库房、货架或货架以外"天棚"的过剩，能避免踏板、台车、叉车等搬运工具的过剩，能避免购置不必要的机器、设备。

如图1-3所示，过度的生产准备时间、不合格的材料或者产品、凌乱的工作现场、不能够按期交货、不安全的工作条件，这些浪费经常是由污垢造成的，比如有大量的不必要的库存堆在现场，东西越堆越多，包括不合格品没有及时返修，堆在现场，有些现在不用的夹具、刃具、工具、量具等堆在现场非常碍事且不安全；有些不需要的车辆、设备、工作台等放在现场。如何减少生产现场的浪费现象？应该把它们赶紧清理掉。

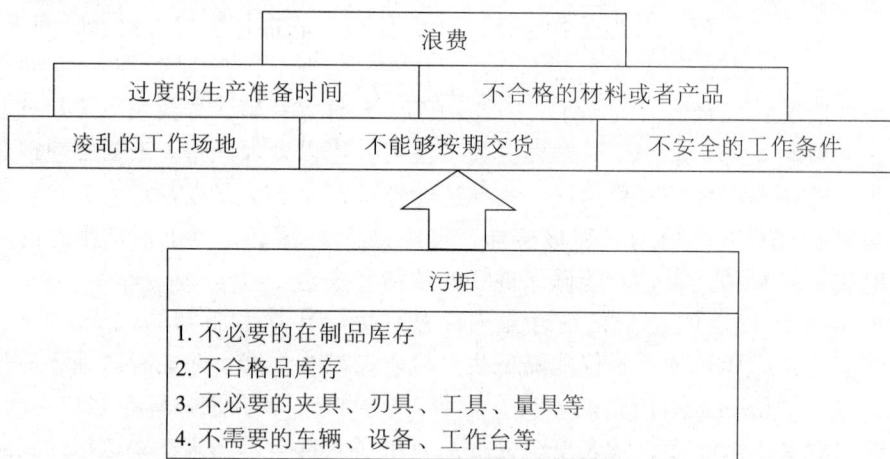

图1-3　生产现场的浪费现象

关于整理的目视化，有一个做法，就是贴红标签，俗称"红牌作战"，检查人员看到不合适的物品，就挂上一个红牌，限期把它整理好。如图1-4所示，红牌上可以看到这是SZ-250P型号的车门，批量是10，在这里有1托盘，是属于车门对焊工序的，2023年7月8日发现这批车门在运输过程中磕碰出了凹痕，必须抓紧时间将这些车门处理掉。进行一轮红牌作战之后，就可以把一个车间或者一个班组、一条生产线上不需要的物品列一个清单（见表1-3），在限定时间内必须将其清理干净。将一些暂时不使用的物品、设备（比如制冷设备，夏天使用，冬天不使用，可以将其搬到库房里），列出一个清单（见表1-4）。通过这两个清单，把不需要、不使用的物料和设备列出来，然后把它们从生产线上清理出去，可以保证生产现场干净、整洁、有序。

型号	SZ-250P
品名	车门
批量	10
数量	1托盘
工序名	车门对焊
理由	磕碰凹痕
日期	2023-07-08

图1-4 目视化"整理"红标签（红牌作战）

表1-3 不需要物品库存一览表

部门： 年 月 日

名称	编号	数量	单价	金额	报废类型	领取类型	备注

不需要物品库存金额：	报废金额：

处理方法和改善点：

表1-4 不需要设备一览表

部门： 年 月 日

设备名称	编号	数量	单价	购置金额	购置日期	累计折旧	账面价值	安装地点	备注

不需要设备金额：

处理方法和改善点：

比如，要实现整理，可以在物料存放区挂上指示牌。如图1-5所示，一个货架被分成A货架和B货架，在两个货架上又分别标上货位号，为每一个货位上放置的物料挂上物品名牌。

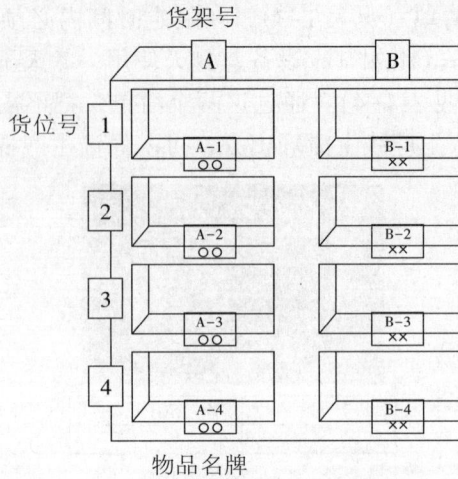

图1-5 物料存放区挂上指示牌

不仅可以在每一个货位挂上指示牌，而且可以使用标记最大最小库存的方法来控制需要的数量，如图1-6所示。具体做法是在立柱上标明这些物料的最小库存量数量、最大库存量数量，提示现场工作人员既不应该小于最小库存量，也不应该超过最大库存量。

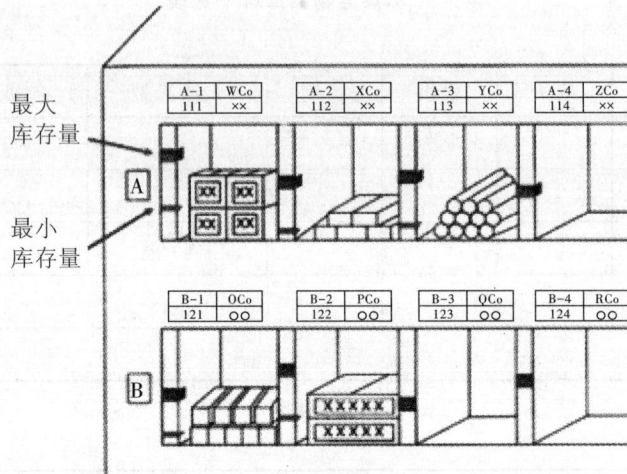

图1-6 物料存放区标记控制最大和最小库存量

（四）故障为零——5S是交货期的保证

工厂无尘化，无碎屑、屑块、油漆，经常擦拭机械并进行维护和保养，机械使用率会提高。模具、夹具、工具管理良好，调试寻找故障的时间会减少，设备会更稳定，其综合效能可以得到大幅度的提高。每日的检查可以防患于未然。通过实施整理、整顿、清扫、清洁来实现标准化的管理，企业的现场管理就会一目了然，异常的现象得到凸显，就不会造成人员、设备、时间的浪费。企业生产顺畅，作业效率必然就会提高，作业周期必然缩短，确保交货日期，减少事故发生，保障企业安全生产。

（五）切换产品时间为零——5S是高效率的前提

模具、夹具、工具经过整顿，随时都可以拿到，不需费时寻找。要知道，在当今这个时代，时间就是金钱。

规范的操作可以大幅度地提升作业效率，进而可以使组织活力化，明显改善员工的精神面貌，焕发一种强大的活力。高昂的工作情绪也会使得员工注意力更集中，通过少犯错误获得附加的经济效益。

例如，良好的物料摆放习惯能够大大降低搜索所花费的时间，如此员工可以将更多的精力用于具体的问题解决上。

如图1-7所示，对于某些常用的工具物品采取形迹管理的办法，在工具柜或者是工具墙上把这个工具的外轮廓画出来，挖出凹槽，当员工归还工具的时候，就能很容易地找到它该放的位置。员工去找一把钳子的时候，发现画着钳子轮廓的那个凹槽是空的，就知道其他人在使用这把钳子，这样可以立即开始寻找是谁在使用。

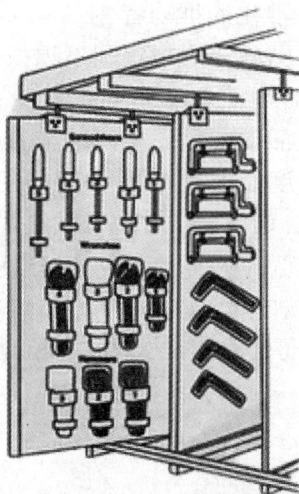

图1-7 工具类物品的"整顿"-形迹管理-外轮廓投影图

刃具的保管如图1-8所示。为了安全，在存放切削用的刃具的时候要采取一些特别手段，找一个带波纹的金属板，上面铺上一层毛毡，在毛毡上涂上防锈油，把刃具放在这个有一个一个凹槽的毛毡里面，工具是按照单个独立、方向一致来摆放的，目的是使工具之间不会磕碰，达到保护工具安全的效果。

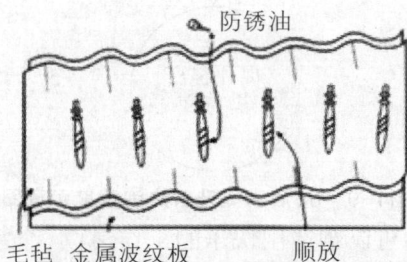

图1-8 刃具的保管

（六）事故为零——5S是安全的软件设备

没有推行5S的工作场所既影响了企业形象，也影响了员工的士气和产品品质。脏乱的现场环境和混乱的生产秩序容易导致安全事故。例如，电缆沟内积水、积泥会导致短路或触电；不正确的着装可能导致安全事故的发生或作业迟缓；操作人员的违规动作容易造成安全事故。又如，通道被随意占用，造成作业不流畅，增加搬运时间和人力，对人、物也造成危险；原材料、半成品等物品随意摆放，寻找起来浪费时间，并且难以管理，存在安全隐患；机器设备保养不当，影响使用寿命和加工精度，使产品质量无法保证；不干净整洁的机器设备也会影响员工的工作情绪；工装夹具、工具、量具等杂乱放置，增加了寻找难度，工具也容易损坏、丢失。

整理、整顿后，通道和休息场所都不会被占用。工作场所的宽敞明亮使物流一目了然，人车分流，道路通畅，减少了事故。危险操作警示明确，员工能正确地使用保护器具，不会违规作业，消除了安全隐患。消防设施齐备，灭火器放置定位，逃生路线明确，万一发生火灾或者地震，员工的生命安全必然会有所保障。

（七）投诉为零——5S是标准化的推动者

推行5S活动能使企业所有已确定的规定和事项按要求有效执行，使生产现场时刻处于良好的状态，可以保证随时开工，同时保证产品质量稳定，并提高了产品合格率，从而使客户满意。推行5S活动能缩短生产的前置时间，减少交货时间延迟现象的发生，进而确保客户的满意度。推行5S活动能使生产现场变得宽敞明亮和干净，干净的工厂能获得客户的称赞、认可，同时也可以给客户一种信任感，客户会觉得这种企业生产的产品可以使其放心，从而提升客户满意度。推行5S活动能提高员工的工作积极性，同时营造气氛活跃的生产现场，以得到客户的信赖，从而使客户对企业满意。企业推行5S活动，具体可通过达成如图1-9所示的目标，最终使客户满意。

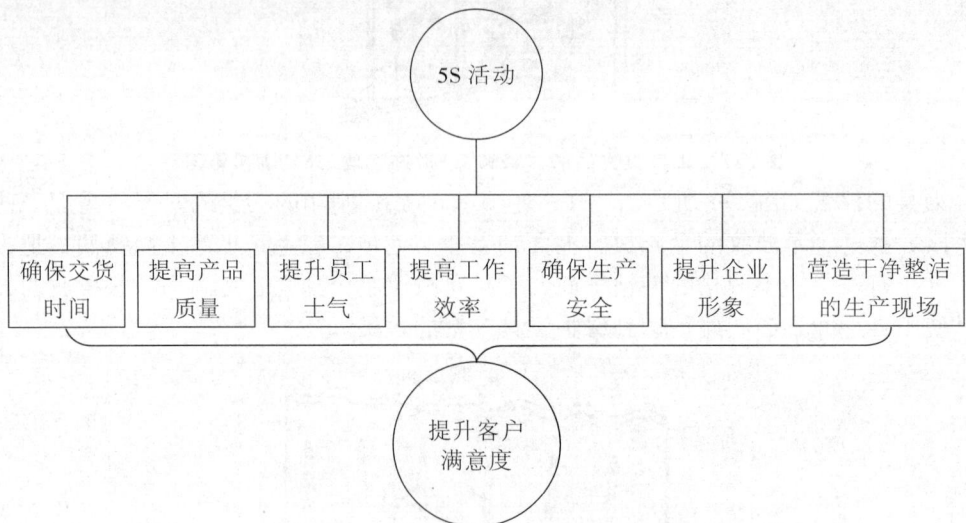

图1-9　5S活动提升客户满意度示意图

（八）缺勤为零——5S可以创造出快乐的工作岗位

在没有推行5S活动的企业，工作场所可能会出现各种各样不规范或不整洁的现象，如垃圾、油漆、铁锈等满地都是，零件、纸箱胡乱搁在地板上，人员、车辆在狭窄的过道上穿插而行。企业出现不规范和不整洁的情况时，轻则员工找不到自己要找的东西，浪费大量的时间，重则导致机器破损、制造加工成本居高不下。更有甚者，最先进的设备在这种环境中，也会很快地加入不良器械的行列而等待维修或报废。员工会无缘无故地感到烦躁不安，甚至心不在焉，希望尽快下班脱离岗位，迟到早退甚至旷工，造成巨额管理成本。

企业推行5S活动就能够很好地改善上述状况，并创造一个良好的工作环境。企业推动了整理、整顿、清扫、清洁，使每个员工的素质得到提高，员工对本职工作的认可度得到提升，形成一种工作优越感及成就感，形成万众一心的凝聚力，企业的管理也将变得更加轻松。

【拓展阅读】

企业的永恒目标

对于企业来说，实行优质管理、创造最大的利润和社会效益是永恒的目标。

1.Q（Quality）：品质

品质是指产品的性能、价格比的高低，是产品本身所固有的特性，好的品质是赢得顾客信赖的基础。5S现场管理能确保生产过程的迅速化、规范化，能为生产出好品质的产品打下坚实的基础。

2.C（Cost）：成本

随着产品的成熟，成本趋向稳定，在相同的品质之下，谁的成本越低，谁的产品竞争力越强，谁就越有生存下去的可能性。5S现场管理可以减少各种浪费，避免不均衡，大幅度地提高效率，从而达到成本的最优化。

3.D（Delivery）：交货期

为了适应市场的需要，大批量生产已被个性化生产取代。多品种而又少批量的生产，弹性机动灵活的生产，才能适应交货期的需要，交货期体现了公司适应能力的高低。5S现场管理是一种有效的预防方法，能及时地发现异常，减少问题的发生，保证准时交货。

4.S（Service）：服务

众所周知，服务是赢得客源的重要手段，通过5S现场管理可以大大地提高员工的敬业精神和工作乐趣，使他们更乐于为客人提供优质的服务。通过5S现场管理还可以提高行政效率，可以让顾客感到快捷和方便，提高顾客的满意度。

5.T（Technology）：技术

未来的竞争是科技的竞争，谁能够掌握高新技术，谁就更具备竞争力。5S现场管理通过标准化来优化、累积技术并减少开发成本，能加快开发的速度。

6.M（Management）：管理

管理是一个广义的范畴，狭义的管理可分为对人员、设备、材料、方法等四方面的管理。通过科学化、效能化的管理，能够达到人员、设备、材料、方法的最优化，综合利润最大化。

二、5S现场管理与企业管理活动的关系

（一）企业管理实施的活动

1. 质量管理体系国际标准（ISO）

ISO 9000不是一个标准，而是一组标准的统称。"ISO 9000族标准"指由ISO/TC176制定的所有国际标准。TC176即ISO中第176个技术委员会，TC176专门负责制定质量管理和质量保证技术的标准。ISO 9000族标准是世界上许多经济发达国家质量管理实践经验的科学总结，为企业提供了具有科学性的质量管理和质量保证的方法和手段。ISO 9000系列标准自1987年发布以来，经历了1994版、2000版、2008版的历次修改，直至现行的ISO 9001：2015版系列标准。ISO 9001标准对企业的质量管理体系提出了具体要求，通过目标管理，倡导强调需求、增值、流程绩效和有效性及持续改进的过程方法。采用质量管理体系是企业的一项重要工作，能够帮助其提高内部管理水平和整体绩效，并证实企业具有提供既满足顾客要求又满足适用法规要求的产品和服务的能力，为推动企业可持续发展奠定良好基础。

2. 全面质量管理（TQM）

全面质量管理（Total Quality Management，TQM）就是一个组织以质量为中心，以全员参与为基础，目的在于通过让顾客满意和本组织所有成员及社会受益而达到长期成功的管理途径。5S是管理的基础，是全年生产性维护的前提，是TQM的第一步，再进一步说，它是推行ISO 9000的结晶。

3. 全面生产管理（TPM）

全面生产管理（Total Productive Management，TPM）以追求生产系统效率（综合的效率）的极限为目标，从意识改变到使用各种有效的手段，构筑能防止所有灾害、不良、浪费的体系（最终达成：零灾害、零不良、零浪费的体系），从生产部门开始，到开发、营业、管理等所有部门，从最高领导到第一线作业者，全员参与。从定义中可以看出，TPM所追求的是整个生产系统的综合效率的极限，排除一切灾害、不良、浪费，挑战极限的企业革新活动。TPM活动由"设备保全""品质保全""个别改善""事务改善""环境保全""人才育成"6大支柱组成，各支柱都有一套完整的推行方法，对企业进行全方位的改善。依企业具体情况，只选其中几个支柱推进，也能取得较大的成功。

4. 工业工程（IE）

工业工程（Industrial Engineering，IE）是从泰勒的管理实践中总结开创的，以自然科学的试验方法、理性的分析及精确的衡量为核心方法的专门学科，是对生产管理者非常重要的一门学科。

5. 准时生产方式（JIT）

准时生产方式（Just In Time，JIT），是指保持物质流和信息流在生产中的同步，实现以恰当数量的物料，在恰当的时候进入恰当的地方，生产出恰当质量的产品。这种方法可以减少库存，缩短工时，降低成本，提高生产效率。JIT是第二次世界大战后最重要的生产方式之一。由于它起源于日本的丰田汽车公司，因而曾被称为"丰田

生产方式"。后来，这种生产方式的独特性和有效性被越来越广泛地认识、研究和应用，人们才称其为JIT。

6.精益管理

精益管理源于精益生产。精益生产（Lean Production，LP）是美国麻省理工学院教授詹姆斯·沃麦克等专家通过"国际汽车计划（IMVP）"对全世界17个国家90多个汽车制造厂的调查和对比分析，认为日本丰田汽车公司的生产方式是最适用于现代制造企业的一种生产组织管理方式。精益管理由最初的在生产系统的管理实践成功，已经逐步延伸到企业的各项管理业务，也由最初的具体业务管理方法，上升为战略管理理念。它能够通过提高顾客满意度、降低成本、提高质量、加快流程速度和改善资本投入，使股东价值实现最大化。

（二）5S与其他管理活动的关系

公司任何的活动，如果有了5S的推动，就能收到事半功倍的效果。推行不了5S的企业，很难成功地进行其他活动。

1.营造整体氛围

一个企业，无论是导入全面的体制管理，还是要推动ISO认证、TPM管理，在导入这些办法前，如果没有推行5S或其他的管理活动，就很难起到立竿见影的作用。推动5S可以营造一种整体的氛围，5S能营造一种让一个组织或一个企业的每一个人都养成一种习惯并积极地参与的氛围。

每一件事情都有固定的标准，在良好的氛围中，企业去推行ISO，再去推动TQM，或推动TPM，就能很容易地获得员工的支持与配合，也有利于调动员工的积极性，形成强大的推动力。

2.体现效果和增强信心

推行5S与IE、ISO、TQM、TPM、JIT以及精益管理可以体现出一种效果，也可以增强员工对企业的信心。实施ISO、TQM或者是TPM的活动，其效果是一种隐蔽和长期性的，一时难以看到，好比竹子的根系，而5S的推动效果则是立竿见影的。如果在推行ISO、TQM、TTM的活动的过程中先导入5S，可以在短期内获得显著效果，增强企业员工的信心。

3.5S能为相关管理活动打下坚实的基础

5S是现场管理的基础，5S水平的高低代表着现场管理水平的高低，而现场管理水平的高低则决定了ISO、TQM、TPM活动能否顺利地推动或推行。

通过5S的推行和活动，从现场管理着手，来改进企业的体制，能够起到事半功倍的效果。

由此可见，在实施ISO、TQM、TPM的企业中推行5S活动，等于为相关活动提供了肥沃的土壤，5S活动的土壤为企业的成长提供了强而有力的保障，企业才能"绽放"出无坚不摧的产品，从而留住顾客，长久地立于不败之地（如图1-10所示）。

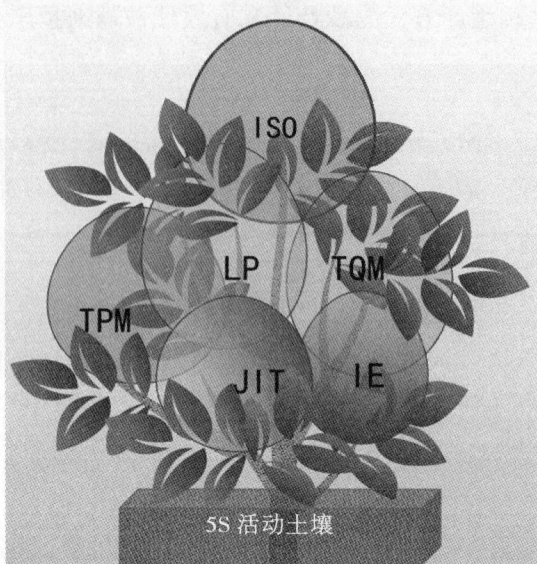

图1-10　5S与相关活动的关系图

●边学边练●

5S各要素之间是一种什么关系？怎样才能营造一个干净、整洁、舒适、合理的工作环境和空间环境？

中国实践

海尔的"6S"大脚印从中国搬到美国

面对着海尔在美国的南卡工厂，Jiton长舒一口气：终于进来了！虽然只是一份在车间的工作，但是也是在进行了一次次的面试和笔试之后才得到今天这个位置的。听说这是一家在中国很有名气的大公司！Jiton在沾沾自喜的同时也对自己作为一个外国人，是否可以真正融入中国企业的团队感到不安。上班的第一天，Jiton就感受到了一股独特的工作氛围。海尔的每一位车间员工都对清洁、清扫这些琐事事必躬亲并且做得有条不紊。而且在每天的班组会上，总会有一个车间工人站在一个大"6S"的脚印标志上，对当天的工作进行小结，介绍自己的创新经验和做法，以期共同提高。Jiton随即发现，这样的"6S"标志，在每个班组的工作现场都有，而且作用都是一样的。

原来，这是海尔独特的企业管理方式，所谓"6S"是指整理（Seiri）、整顿（Seiton）、清扫（Seiso）、清洁（Seiketsu）、素养（Shitsuke）、安全（Safety）6项工作，这是海尔中国本部实行多年的"日事日毕、日清日高"管理办法的主要内容。而每天能够站在"6S"脚印上和大家共同分享自己工作心得的，就是当天"6S"战略实施的优秀典型（如图1-11所示）。了解到这些的同时，Jiton对于海尔的尊敬也增添了几分：将个人工作环境的清洁和整理作为自己工作的一部分，一方面可以有序地整理自己工作的思绪和内容、加强生产现场的管理；另一方面也为自己创造了一个清新的办公环境，更重要的是通过像对自己家一样对工作场所亲自打扫，紧密地联通了员工和工作场所之间的关系，可以使工作环境对于员工来说不再是单纯的打工和赚钱的场地。通过对这个管理方案的认同，Jiton感觉自己和这家中国公司的距离拉近了很多。Jiton在随后的工作中发现，海尔非常尊重员工的个人意见，车间里设有意见箱，员工的意见和建议可以随时写出来放进意见箱里去，而如果某一位员工创造了一种新的工作方式，这种方式便以这位员工的名字命名，这种方式极大地满足了员工的荣誉感。海尔还力图将东方人特有的人情味和亲和力融入企业的管理中，如果员工过生日，管理人员就会送上鲜花和贺卡。员工因为表现突出而受到奖励，他们全家人的照片都会被挂到车间的墙上。记得有一次Jiton的父亲生病，管理人员和同事们带着礼物去医院探望其父亲，这让Jiton非常感动，也觉得自己成为这个充满着异国文化的大家庭当中的一分子。

图1-11　6S大脚印

终于有一天，Jiton自己也站在了"6S"的大脚印上，她动情地说："今天站到这个地方我非常激动。我注意保持安全、卫生和质量，在这方面我尽了最大的努力。感谢海尔工厂对我工作的认可，我感到非常高兴。在今后的日子里，我会继续努力，为海尔贡献我的全部力量！"

每天工作表现不佳的员工要站在"6S"大脚印上反省自己的不足，海尔称这种做法叫"负激励"。这样一套在海尔中国本部行之有效的办法在美国却遇到了法律和文化上的困难，美国的员工根本不愿意站在什么大脚印上充当"反面教员"。"6S"班前会这种富有特色的海尔管理方法在漂洋过海后开始了它的本土化过程。"负激励"变成了"正激励",争强好胜的美国员工们,很乐意站在大脚印上介绍自己的工作经验。当站在大脚印上的演讲者越来越多后,车间里的烟卷和收音机也逐渐消失了踪影。位于美国南卡罗来纳州的美国海尔工业园的总经理艾伦举了这样一个例子来说明如何解决类似"6S"的冲突:"在海尔的企业管理中,中国的企业喜欢用哭脸和笑脸来代表工作表现,这在美国是不适宜的。于是我们在美国的工厂里使用黑熊和粉猪来代表不同的工作情况,美国工人很多都乐意接受这种方式。"

海尔文化的主要内容就这样经过了移植、改造,再移植、再改造的过程,在不同文化的熔炉中,海尔文化的内涵得到了极大的丰富。在经历了一段时间的磨合之后,海尔文化得到了当地人的认可。海尔的海外员工现在都很乐意遵循海尔文化提供的行为准则。

资料来源 ①张永良. 管理学基础[M]. 北京:北京理工大学出版社,2018.
②孟娟.6S大脚印[J].商业文化,2006(8).

项目小结

通过本项目的学习,了解了5S的含义;了解了5S之间的关系,5S并不是各自独立、互不相关的,它们之间是一种相辅相成、缺一不可的关系;明确了推行5S现场管理的作用,具备了提升5S现场管理水平的能力,掌握了推行5S有八个作用:在亏损、不良、浪费、故障、切换产品时间、事故、投诉、缺勤等八个方面都为零;公司的任何活动,如果有了5S的推动,就能收到事半功倍的效果;推行不了5S的企业,很难成功地进行其他活动。

项目检测

一、选择题

1."5S"管理的核心和精髓是（　　）。

A.素养　　　　　　　　　　B.整理
C.整顿　　　　　　　　　　D.清洁
E.清扫

2.现代企业实施以（　　）为内容的管理,称为"5S"管理。

A.整理　　　　　　　　　　B.整顿
C.清扫　　　　　　　　　　D.清洁
E.素养

3.做好5S管理的原则包括（　　）。

A.自我管理的原则　　　　　　B.勤俭的原则
C.持之以恒的原则　　　　　　D.地面物品堆放杂乱
E.随地乱扔杂物

二、判断题

1.整理就是把需要与不需要的事、物分开,再将不需要的事、物加以处理,这是开始改善生产现场环境的第一步。　　　　　　　　　　　　　　　　（　　）

2.实施5S，能为企业带来巨大的好处，可以改善企业的品质，提高生产力，降低成本，确保准时交货，同时还能确保安全生产并能保持并不断增强员工们高昂的士气。　　　　　　　　　　　　　　　　　　　　　　　　　　　　（　　）

3.5S的目标是通过消除组织的浪费现象和推行持续改善，使公司管理维持在一个理想的水平，整理、整顿、清扫、清洁、素养这5S各有侧重，独立分开效果会更佳。　　　　　　　　　　　　　　　　　　　　　　　　　　　　（　　）

三、实践训练

收集我国企业开展5S管理的行动措施（至少调研3家企业进行对比），写出自己的心得体会。

5S现场管理的推行工作

【学习目标】

＊知识目标

◆ 了解如何导入5S现场管理。

◆ 明确推进5S现场管理的前期准备工作。

◆ 掌握实施5S现场管理的方法与步骤。

＊技能目标

◆ 能够导入5S现场管理。

◆ 能够做好5S现场管理的前期准备工作。

◆ 能够持续推进5S现场管理工作。

＊素养目标

◆ 以5S管理方法作为培养学生的有效手段，树立学生正确的世界观、人生观、价值观，培养品学兼优的社会主义接班人。

◆ 贯彻、落实5S管理具体措施，树立自身职业道德、工作原则、行为标准，以身作则，敢为人先，追求卓越。

【思维导图】

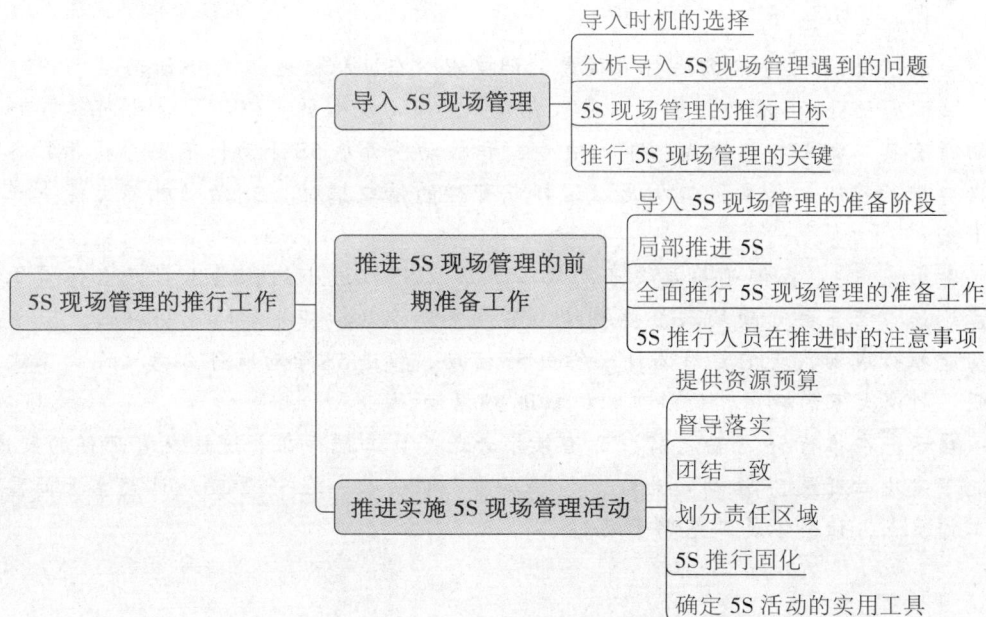

工作场景

推行5S
管理的困惑

5S活动开始推行时，公司总经理李乐东和副总经理闻博仁、生产总监兰诚亮听到有人在食堂边吃饭边议论：

一车间的郝大壮说："我们现在要打消疑虑，积极推行5S活动。"

二车间的郭安蒿说："我们以前没有做5S，不也挺好嘛！"

三车间的田璐璐说："我们这么忙，天天加班赶货，哪还有时间做5S啊！"

四车间的董昕西说："对啊，又没什么用！"

五车间的张昆山说："5S活动会有效果吗？会成功吗？"

一车间主任阚志刚说："推进整理、整顿又不能提高生产力。"

办公室文员向米舒说："文件资料一大堆，那么多的要求恐怕做不到，我们这个水平已经算是不错的了。"

营销专员万全堂说："5S，那是生产部门的事，跟我们营销部门没有关系。"

开发部的周克艳说："我们开发部为啥也要搞5S？"

招聘专员李仁义说："天天加班，哪还有时间再搞整理、整顿？"

三车间的田璐璐说："能交货就行了，我喜欢怎样做就怎样做。"

六车间的冯强说："搞得那么干净，反正没两天就又脏了，5S就是说说而已，别当真，反正也不会成功。已经这样几十年了，5S会成功吗？"

五车间的张昆山说："高抬贵手吧，给点面子吧，凑合凑合。"

回到办公室，李乐东说："看来困难还不少，阻力还挺大。话说回来，即使失败也不会损失什么，成功了就是赚到了。再说5S并不需要投入很多的资金，没有比5S风险更小、获益更大的项目了。"闻博仁说："只有领导者下定决心实施，5S才能继续往下推行。而5S活动的关键就在于实施，如果不打消疑虑下定决心实施的话，所有的一切都是空谈。"

李乐东说："领导者需要打消疑虑，调整好心态，积极地推进5S活动。"

兰诚亮说："5S活动的推行不是只有领导者下定决心就可以了，企业内参与5S活动的所有员工都要打消疑虑、下定决心，积极动手开展5S活动，不要寻找各种各样的借口进行推脱。如果员工总是以这样或那样的借口推脱，5S活动就不可能真正实施下去。"

李乐东说："我们领导层要表明决心。成立5S推进小组，马上召开全体员工大会，迅速部署下去。现场人员要精神十足，充满干劲，领导层要表明决心，为了5S活动能推行成功，我们要对为什么推进5S活动、推进5S活动有什么意义向大家进行说明，打消大家的疑虑，使员工积极推进5S活动。"

启示： 在推行5S活动之前，无论领导者还是员工都存在着这样或者那样的疑虑，不能下定决心开展5S活动。为此，领导层要表明决心，在5S管理动员大会上简要说明工作重点，让全体员工充满干劲。

任务一　导入5S现场管理 ////////////○○○○○○○○○○

一、导入时机的选择

在导入的过程中，导入时机把握的好坏也是5S活动能否顺利推行的重要影响因素，如果在不恰当的时机导入，例如生产旺季、人员流动率高、士气低迷等时导入，则会事倍功半。

一般较为理想的导入时机为：

（1）新厂成立时；

（2）新生产线导入时；

（3）新产品或新技术引进时；

（4）新的管理革新时；

（5）新年度开始时；

（6）员工较稳定，干部有提升管理力意愿时；

（7）配合其他管理活动一起推动时。

二、分析导入5S现场管理遇到的问题

在5S现场管理的推进实践中，有这么一个现象：5S活动开展起来比较容易，大部分还搞得轰轰烈烈，短时间内效果非常显著，但是能真正坚持下去的企业并不多见，很多企业存在着"一紧、二松、三垮台、四重来"的现象。

（一）工厂推行5S现场管理活动经常遭遇的问题

（1）员工不愿意配合，不按规定来摆放或不按标准来做，达不成共识。

（2）事前的规划不足，不易摆放以及不合理之处的确很多。

（3）公司发展太快，厂房空间不足，物料无处堆放。

（4）实施不够彻底，员工积极性不高。

（5）基层管理者抱着应付的心态，评价制度不合理，无法激励员工的士气。

（6）评价人员不公正。

（二）问题的根源

这些问题主要来自员工内心深处认识上的障碍。员工常见的心态包括：

（1）推进整理、整顿不能提高生产力。

（2）文件资料要求多，担心做不到。

（3）5S是生产部门的事，跟营销部、开发部没有关系，不被理解。

（4）忙于加班，没有时间再搞整理、整顿。

（5）不搞5S活动也能交货。

（6）怀疑能否坚持下去。

（7）5S是面子工程，凑合做。

三、5S现场管理的推行目标

（一）提高可视化程度

减少杂物、定置存放空间、整齐摆放物品可以使现场的情况一目了然，有助于及早发现问题、解决问题。

（二）创造干净、舒适的工作环境

没有无用之物，干净、整洁的工作环境令人心情舒畅。

（三）提高工作效率

如果整顿工作做得彻底，基本可以省去寻找物品的麻烦，操作台也会变得井然有序。在没有杂物的操作台上工作，效率也会得到提高。

（四）获得客户的满意

参观企业的客户看到干净整洁的工作环境，也能对产品质量感到放心。

总经理要规划的5S方针和5S目标如图2-1所示。

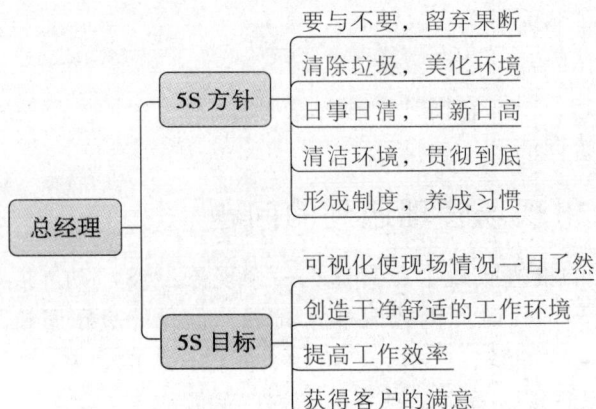

图2-1　总经理要规划的5S方针和5S目标

四、推行5S现场管理的关键

针对遇到的问题，5S现场管理的推进必须扎扎实实，在人员、资源、声势、体制等方面进行有效的组织。5S现场管理的推进能否成功，关键在于三个方面，即领导层意愿、有效的推进方法、调动员工积极性。

（一）领导层意愿

1.一把手工程

领导层要高度重视。5S现场管理要上升到企业战略层面，成为一把手的工程。如果得不到高层领导足够的支持，普通员工执行的力度就会大打折扣，中层的管理者两头不讨好，最后往往不了了之。领导的支持是确保5S活动成功的前提，如果领导故意推诿，或勉强应付，或爱理不理，5S活动自然是不会成功的。因此，5S推行人员需要争取领导的支持，同时领导也需要采取切实的行动支持5S活动，确保5S活动有效推行。领导支持绝不是停留在口号上，而是要采取实实在在的行动。领导支持要做到：精神支持、资金支持、人力支持、活动支持。具体支持措施包括：一是大力宣传；二是全面调动力量；三是高度重视；四是不要缺席会议；五是要有效地激发员工的活力。

（1）大力宣传。组织在内部刊物、宣传栏进行宣传，声势浩大的推广将使各种阻力大幅减少，对5S活动的推行非常有利。

（2）全面调动力量。提供相应的资金和物资等方面的支持，调动内部各种力量为5S活动的推行服务。

（3）高度重视。在公司调度会议、工作会议上不断强调5S活动的重要性，提高员工的重视程度。

（4）不要缺席会议。尽量出席推行委员会会议，与推行办公室人员一起参加5S活动的评比。

（5）有效地激发员工的活力。对做得好的部门给予表彰，对做得差的部门给予批评与督促，提高员工开展5S活动的激情和动力，促使后进员工和后进部门仿效和跟进。

2.严格执行

这是公司管理的要点，也是难点，所有的制度一定要严格执行才能发挥作用。要"法治"，不能"人治"，如果因人而异、因事而异，这样执行下来的制度不但毫无公信力可言，反而会成为滋生腐败的源头。

3.注重效果

在5S现场管理推行过程中，常犯的一个错误是为了5S而5S。这样做的后果一方面增加了员工的工作量，导致员工内心的抵触，执行起来不顺畅；另一方面注重表面形式，导致管理层没有从5S现场管理中切实体会到给企业带来的益处，因而不能获得足够的支持，自然也就不容易坚持下去。

4.贵在坚持

企业其实并不缺乏好的管理者和好的管理制度，但传统的思维模式和做事方式，导致了"一朝天子一朝臣"。更换管理者的同时，管理制度也会改弦更张，导致原先顺畅有效的管理被人为中断，这也是很多企业普遍寿命不长的原因之一。坚持下去都困难，又何谈持续改进升级呢？

（二）有效的推进方法

1.制度容易落实

5S现场管理制度不在于多，而在于能够落实。最好开始时就简简单单几条，这样非常容易理解和落实。如果样板能执行下去，就会对企业的现场管理产生有效的影响，就具备了进一步提升的基础。否则洋洋洒洒一大篇，哪条都很有道理，但多数贯彻不下去，自然很快就流于形式，成为只能挂在墙上的制度。

2.持续总结整改

改进工作永无止境。所有的管理最后都要通过总结和整改的过程才能达到迭代升级的目的，这也是PDCA（**Plan Do Check Act**）的管理方法。

25

（三）调动员工积极性

1.全员参与

要做到全员产生共鸣。做好宣传策划、教育培训、现场巡查、总结报告，处理好建设性的意见是至关重要的。公司的主管部门必须能够接纳合理化、建设性的意见和建议，并且真正落实、改善工作环境，5S现场管理才会发挥作用。稍有不慎，对5S现场管理活动的推动就会付之东流。

2.评比考核

在企业管理过程中，评比考核是比较有效的管理手段，通过评比考核，员工工作起来既有动力也有压力，这是现场管理必不可少的一种手段。

3.形成文化

让管理方式蜕变成企业文化，这也是企业管理的终极目标，而这需要长时间的积累和沉淀，甚至需要几代人的努力才能做到，百年企业大都成功地做到了这一点。

● 边学边练 ●

6人为一组，讨论如何帮助企业实现5S现场管理的推行目标。

微课 2-2

推进5S现场
管理的前期
准备工作

任务二 推进5S现场管理的前期准备工作

一、导入5S现场管理的准备阶段

导入5S现场管理的准备阶段包括五个步骤：一要获得高层领导的承诺，做好准备；二要成立5S现场管理推行委员会，选定活动的场所；三要进行5S推进策划；四要开展教育培训；五要进行宣传推广。

（一）获得高层领导的承诺，做好准备

1.召开动员大会

由公司最高领导（董事长或总经理）主持召开动员大会，向全体员工表达推行5S现场管理活动的决心，将5S现场管理活动作为公司本年度的重要工作内容。最高领导要把5S现场管理活动的实施目的、必要性向员工明确地宣布。这样做，可以将公司全体员工的想法、价值观尽量统一起来。在举例时，要尽可能地列举本公司的一些具体的事例，这样容易与员工产生共鸣。

2.进行一次小型的5S现场管理演习

为了给大家留下深刻的印象，可以进行一次小范围的5S现场管理演习，如丢掉会场内不必要的物品、进行一次大扫除、五分钟整理各自抽屉等。

（二）成立5S现场管理推行委员会，选定活动的场所

1.成立5S推行小组

成立5S推行小组，负责对内对外的联络工作。成立5S推行小组的目的在于激励并持续推行5S活动，对5S活动进行规划、监督、评价和指导。为此，5S推行小组需定期（通常每个月）召开一次会议，讨论活动进展情况，听取各部门推进过程的汇报，总结各部门在推进过程中遇到的各种问题，协调各部门的活动。

2.5S推行小组的形式

5S推行小组的形式要与公司管理体系相契合。5S推行办公室主要负责制订和贯彻5S活动计划，对各个部门的5S活动提供指导和支持，帮助各个部门解决活动推行过程中遇到的问题。各个部门或车间负责人是5S活动的推行者，应选举或指定一位或几位（根据部门规模而定）责任心强的骨干员工担任部门的5S代表，负责实施推行部门的5S活动。5S代表可以从部门或车间负责人、主管、班组长、门店店长中进行选择，也可以从积极向上的员工中挑选出来。

推行小组的责任部门或责任人包括5S推行委员会、5S推行办公室、各部门负责人以及部门5S代表等，不同的责任部门或责任人承担不同的职责。通常企业的总经理担任5S推行委员会的委员长，从全局的角度推进5S，5S推行小组的组织构架如图2-2所示。

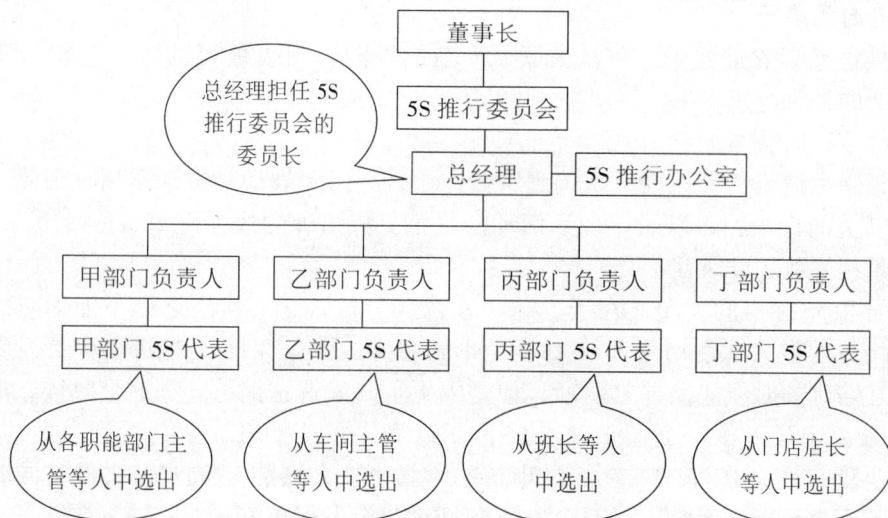

图2-2　5S推行小组的组织构架

3.5S推行小组的职责

5S推行委员会、5S推行办公室、各部门负责人以及部门5S代表的工作在很大程度上决定了5S活动的成功与否。要有效推行5S活动，推行小组中各个层面的人员都需要履行其应尽的职责，具体见表2-1。

27

表2-1　　　　　　　　　　　**5S推行小组责任部门/责任人的职责**

责任部门/责任人	具体职责
5S推行委员会	（1）制定5S推行的目标、方针 （2）任命推行办公室负责人 （3）批准5S推行计划书和推行办公室的决议事项 （4）评价活动成果
5S推行办公室	（1）制订5S推行计划，并监督计划的实施 （2）组织对员工的培训 （3）负责对活动的宣传 （4）制定推行办法和奖惩措施 （5）主导全公司5S活动的开展
各部门负责人	（1）负责本部门5S活动的开展 （2）负责本部门的人员教育和对活动的宣传 （3）设定部门内的改善主题，并组织改善活动的实施 （4）指定本部门的5S代表
部门5S代表	（1）协助部门负责人推进本部门5S活动 （2）作为联络员，在推行事务时与所在部门进行信息沟通

（三）进行5S推进策划

1.策划的准备

策划一定要做万全的准备。策划5S的推行需要制订激励措施和推行计划，先由推行小组拟订草案，并评估成效，再交相关人员讨论后确定，甚至要予以认证。有关工作项目、时间、负责人都要有明确的说明，以便追踪。

2.咨询和指导

在推进策划的进程中，可以去联系专业的顾问公司或顾问机构，为5S推进活动提供专业的咨询与指导。

3.口号和标语

标语牌可渲染活动氛围，既起到宣传作用，又起到鼓动和推动作用，因此企业可以制作精美的标语牌，以烘托现场活动的气氛。标语牌的尺寸以280cm×870cm为宜，张贴（悬挂）到工作现场。

口号和5S标语的重要性在于，花小钱赚大利益，它的作用远远不能用它的市场价格来衡量。有人认为口号和5S标语是形式主义，但是在推行5S过程中会发现，很多员工在培训的时候思路非常清晰，但隔不了几天就忘记了。在这个时候，口号和5S标语就派上用场了。公司张贴了5S标语以后，员工上班时就会看到上面的内容，慢慢地也就记住5S的精华所在，做事情的时候也就会按照5S的规范去做，同时在工作中不断用口号提醒大家、号召大家，5S活动也会做得更好。

（1）口号是用来喊的，5S口号应以短小精悍、朗朗上口、合辙押韵的形式为主，如"决心、用心、信心，5S活动有保证""5S效果很全面，持之以恒是关键""整理整顿做得好，工作效率步步高""清扫清洁坚持做，亮丽环境真不错""整理整顿天天做，清扫清洁时时行""整顿用心做彻底，处处整齐好管理""全员投入齐参加，自然远离脏乱差"等。口号可通过有奖征集的方式获得，通过口号的征集可以让员工更多地参与到5S推行活动中，提高员工的积极性。

（2）标语主要是用来张贴的，通常以挂图的形式呈现，要求图文并茂、形象生动、通俗易懂。5S标语应以图文并茂、顺口好记、通俗易懂为主，如"整理：要与不要，一清一留""整顿：科学布局，取用便捷""清扫：清扫垃圾，美化环境""清洁：清洁环境，贯彻到底""素养：形成制度，养成习惯"等（如图2-3所示）。企业将制作好的标语张贴在工作场所，这样做不仅能激发员工的工作热情，而且能让员工对5S的概念有感官上的认识，从而起到潜移默化的作用。标语的应用场所非常广泛，车间、办公室、走廊都可以张贴。

图2-3　5S标语样例

4.制作宣传手册

为了让全员了解并执行5S，最好能制作宣传手册，人手一册，使全员准确掌握5S的定义、目的、推行要领、实施办法等。

企业除了利用上述宣传工具进行宣传外，还可利用定点定期拍摄，将5S管理效果较差的地方或死角拍下来，让员工知晓，督促其改善。

（四）开展教育培训

5S宣传推广工作只能让员工了解5S的基本概念，解决部分问题，不能解决深层次的问题。员工心里疑惑的消除以及观念的转变，需要通过教育和培训来实现。采取什么样的培训方法来改变员工的观念，使他们愿意积极参与5S活动呢？企业可从培训形式、培训内容和培训方式上寻求突破。

1.培训形式

培训形式生动活泼，员工才愿意积极参与，常见的培训形式有讨论、案例分析等。部分培训可以选择在现场进行，结合现场、实物进行讲解，便于员工理解和牢记。实施5S的企业，可以组织员工到5S做得好的企业去参观学习，不仅要看对方的5S效果，还要想办法了解对方是如何一步一步地开展5S活动的。参观学习后，组织员工进行讨论，与本公司的现状作比较，讨论差距，商讨如何缩小差距，将模仿和学习作为推动5S的第一步。

2.培训内容

培训内容要有实战性，案例要多。通过具体案例进行讲解，员工听起来亲切，用起来容易。

3.培训方式

企业可自行对员工进行培训，也可专门聘请专家作为5S顾问对本企业人员进行培训和辅导。培训现场要签到，签到记录样例见表2-2。

表2-2 公司5S培训签到记录

培训日期	2023.07.16	培训时间	9：00—12：00
培训地点	公司会议室	培训课程	如何推行5S
培训内容	5S推行培训课程	培训讲师	5S推行专员
序号	受训人员	工作证编号	签名
1	郝大壮	0081	
2	郭安嵩	0082	
3	田璐璐	0083	
4	董昕西	0084	
5	张昆山	0085	

制订5S教育培训计划，可编制年度、月度或临时项目计划，根据管理人员、作业人员、新员工等不同情况进行量身定制。5S教育培训计划样例见表2-3。

表2-3 5S教育培训计划

序号	项目	培训形式	参与人员	时间安排
1	5S的起源、目的、作用及推行意义			
2	推行5S管理的案例			
3	整理、整顿的推行重点、方法及案例			
4	整理、整顿的现场参观或指导			
5	清扫、清洁、素养的推行重点、方法及案例			
6	清扫、清洁、素养的现场参观或指导			
7	检查表的编制方法及制作			
8	红牌作战及现场操作			
9	定置管理、看板管理及现场管理			
10	检查评比方法			
11	成果发布及其运用			

为了检验员工对5S知识的掌握程度，5S推行人员需对参与培训的员工进行考核，并根据考核的结果进行奖优罚劣，向优秀员工颁发证书、通报表扬，对不及格者进行补考直到其及格。

（五）进行宣传推广

为了更好地让员工了解5S活动的内容，5S推行人员有必要进行5S的大规模宣传推广工作，以便创造良好的活动氛围，激起员工对5S活动的热情和兴趣。企业在5S宣传推广的过程中，要充分利用内部周刊、宣传板报等工具。

1.内部周刊宣传

有内部刊物的企业，可以利用其对5S活动进行宣传，介绍5S活动内容、实施要求以及可以达到的效果。企业内部刊物的影响很大，利用它能很好地推动5S活动的开展。

2.宣传板报宣传

企业可以通过制作宣传板报的方式来宣传5S知识。需要注意的事项是，板报应设在员工或客户必经的场所（如通道、休息室附近），要求空间相对宽敞；各部门或分厂应该设置专门的5S板报，5S板报要做到美观大方，让人觉得有美感。

3.领导以身作则

领导一定要以身作则。例如，善言无瑕集团有限公司有一位老人，是一位非常可爱且和蔼可亲的长者，他就是公司的厂长，他从来没有推卸过责任，这家公司的每个人都非常尊敬他。这位老人有一个非常好的习惯，他特别爱整洁。即便是地上一片很小的纸屑，他也会弯腰捡起来。如果员工餐厅很拥挤，他会从工作人员手里接过饭勺，亲自为员工打饭。他经常对员工说的一句话是"你辛苦了！"这些都表现出了他的一种素养。一个领导能够起到表率作用，无言胜有言，大家就会心悦诚服地去追随他。

4.举办活动

举办5S活动的征文、海报、标语、设计方面的比赛，可以激发员工的积极性，增强宣传力度和广度。

二、局部推进5S

局部推进5S，分为五个阶段：一是现场诊断；二是打造样板区；三是确认效果；四是实施改善；五是跟进和修订计划。

（一）现场诊断

推进5S之前，必须根据5S的基本要求，对公司的现场进行诊断评论，通过现场的诊断，可以比较客观地掌握公司的整体水平。比如，有哪些强项？有哪些薄弱的环节？5S推行的难易处？

（二）打造样板区

1.选择样板区的目的

经过局部推行5S的现场诊断以后，接着要进行第二个阶段，也就是打造样板区。俗话说，榜样的力量是无穷的。打造样板区的目的是在企业范围内找到一个突破口，并为大家创造一个可以借鉴的样板，集中力量树立榜样。先改善样板区，取得一定的成效之后，再扩展到其他区域。结合整个5S的推行策划，企业通过开展5S活动打造样板区所取得的成果来告诉各级管理人员和员工，只要有决心和信心，5S是能够成功的。同时，通过样板区的改变来带动整个企业的改变。选定样板区有两个好处：

（1）集中所有的精锐和力量，使改善达到一个较高的水准，以免顾此失彼。

（2）事实最具有说服力，选定样板区可以减少大家对改善的抗拒阻力，消除大家的疑虑，使公司全体员工都能一心一意地积极参与和改进。

31

2.如何选定样板区

选定样板区的具体做法是选择一个车间、一个班组，或一个机器保管部门，集中力量把5S做好。在选定样板区时需要考虑的因素见表2-4。

表2-4　　　　　　　　　　　　　**选定样板区需要考虑的因素**

序号	如何选定	需要考虑的因素
1	选定的项目在公司里突出，有一定的代表性	选择具有代表性的部门作为样板区
2	实施的难易度。选择硬件条件差、改善难度大的部门作为样板区	太容易了，起不到促进和鼓舞作用；太难了，做不到，又会让大家失去信心，甚至成为一个笑柄
3	要优先考虑影响较大、较长远的项目。所选样板区的责任人改善意识要强	如与顾客相关的项目，防止造成污染的项目
4	选择配合比较好、愿意改变的区域，有教育促进意义的项目，有需要多个部门协同推进的项目	如整理有缺陷的机器，改变物流和工作场所的布置，有改善效果的，可以直观地容易看得到进步或取得成绩的地方，这些都是选定样板区的考虑项目

3.如何打造样板区

样板区的打造，主要是从整理、整顿和清扫这三个方面来开展，员工需要在短时间内进行突击整理，痛下决心对无用物品进行处理，然后进行快速的整理和彻底的清扫工作，从而改善工作现场的面貌。

4.样板区展示

在样板区取得成果之后，为了起到示范和带头作用，企业需及时对样板区5S活动的成果进行系统的总结，并通过报告会、宣传会和内部刊物等多种方式将样板区的5S清理效果展示出来。企业还可以组织其他部门、区域的相关员工到样板区进行参观，以激励员工进行现场改善。

5.领导的肯定

企业高层对改善成果的认同是很关键的。为了使样板区的改善成果有号召力，企业领导应该对成果表示关注和肯定，积极参与样板区的参观活动，在各种场合对改善成果进行赞扬和肯定。

（三）确认效果

确认效果是一个总结检查、评价反省的过程，它有三个方面的作用：

（1）总结经验，发扬成绩，克服缺点并纠正偏差，以及改善管理工作，确保经过改善后能有效实施。

（2）通过前期工作的分析评价，辨明功过是非，有利于统一认识，调动大家的积极性。处理好遗留的问题，减轻不良的效应，为后续工作扫清障碍。

（3）为后续工作在组织资源、经验方法上做好示范，确保有一个良好的开端。

（四）实施改善

在进行样板区的改善时，要注意保留相关的数据，为下一步的效果确认提供翔实的第一手资料。

（1）改善前的状况可以先拍照或录像。

（2）基本的数据（空间、面积、金额、数量、人数等）。

（3）基本的流程。

（4）重点的问题（摄影或记录下来）。

（5）整个改善坚持的思路及过程。

（6）改善的结果总结和反思。

（五）跟进和修订计划

当计划与现实有较大出入时，推进组织应该召集相关人员进行检讨磋商，找出应对的办法，必要时要修订计划。

三、全面推行5S现场管理的准备工作

在5S样板区推行成功之后，企业就可以按照其工作标准、工作经验等在企业各个部门和车间全面推行。

（一）5S全面推行的步骤

5S全面推行的步骤如图2-4所示。

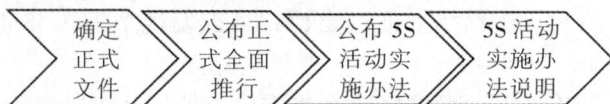

| 确定
正式
文件 | 公布正
式全面
推行 | 公布5S
活动实
施办法 | 5S活动
实施办
法说明 |

图2-4　5S全面推行的步骤

1.确定正式文件

对样板区的实施结果进行分析，确定正式的5S活动办法等相关文件。

2.公布正式全面推行

总经理召集全体人员，再次强调5S活动的重要性，公布正式全面推行的日期及期望，以便统一思想。

3.公布5S活动实施办法

由5S推行委员会公布确定的5S活动实施办法推行时间、检查标准，使全体员工都能准确了解活动的进程、活动的内容。

4.5S活动实施办法说明

由5S推行办公室召开会议，组织各部门5S负责人向部门员工进行活动方法的说明。

5S推行人员在推行5S活动的过程中，需要稳扎稳打，避免盲目冒进。

（二）5S内容规范化

区域责任制，将5S内容规范化，使其成为员工的岗位责任。5S的内容要具体到部门、车间生产现场，还要有详尽描述的内容，如整理的项目，清扫、清洁的部位和方式等，每个员工都清楚自己的5S活动内容，知道"5W2H"。

Why：为什么要做？

Where：在哪里做？

33

What：做什么？

When：在什么时候做？

Who：谁来做？

How：怎么做？

How Much：做到什么程度？

每月都要坚持清扫责任区，清扫范围包括班组管理区域、车间主干道和次干道等，每日可利用30分钟来完成清扫任务。

（三）评估监督

通过巡视、检查、互检方式来推进。巡视是指5S推行委员会在各个工作场所巡查并指出有关5S活动的问题；检查是由上而下的检查，由厂领导来检查车间，车间的领导检查班组，班组再检查个人和集体，层层检查；互检就是班组内部员工依据评估表格相互检查，然后填写检查结果。检查有以下几点要注意：

（1）要有规范的检查表格。

（2）检查结果应评出成绩或分数，评出分数后，要将其与激励手段相结合，并辅之以相应的物质或精神鼓励，例如增加工资或授予荣誉。

（3）自检就是把相应的评估表格发到个人手上，操作工人定时或不定时地依照评估表来自我审查并填写审查结果。通过自检，可以发现个人在5S工作方面的不足之处，个人可以及时加以改善。

（4）互检的过程既可以发现被检查者的不足之处，又可以发现被检查者的优点，找出自己与其的差距，然后认真学习并改进自身。

5S活动主要体现在这种自主和自觉的评价上，评估监督应逐步由上而下进行，然后过渡到互检和自检阶段，由应付检查的心态转变成竞争和相互评比的心态。

（四）制定评价标准

制定5S审核工作表作为评估标准，使每个人都能以一种友好而又不太紧张的方式来竞争。举办5S的评比与竞赛，应制定具体的评价标准。当各部门的基础条件不一样时，评价标准也不应该相同，所以评价最好能与工资考核相结合，这样员工才会更主动地专心于检查的重点。

四、5S推行人员在推进时的注意事项

（一）高层领导高度重视，全方位跟进辅导

5S推行委员会的高层领导要参与其中，以表示高度重视，5S推行办公室要全方位跟进和辅导。

（二）标准和规范协调统一

要按照标准和规范进行，特殊情况特殊对待。一般来说，样板区的经验与企业其他部门会有所差异。这时候要注意调整方法或调整规范、制度。但是各部门调整标准、规范时，要经过5S推行部门的确认，以便让整个企业都能统一行事，做到既要考虑特殊情况，又要注意协调统一。

（三）全程记录

各部门要注意对推行的过程进行记录，为总结经验和教训收集第一手材料，并为完善5S活动规范提供依据。

（四）全员参与，明确职责

在全面推行的过程中，全部员工都需要参与，并且要明确每位员工的职责，以免出现扯皮现象。

● 边学边练 ●

6人为一组，模仿公司5S推行小组的组织架构，组成5S推行小组，征集推行口号，设计推行标语。

任务三　推进实施5S现场管理活动

样板区打造成功之后，5S推行进入实施阶段。这一阶段的重点工作是：提供资源预算、督导落实、团结一致、划分责任区域、5S推行固化、确定5S活动的实用工具。

微课2-3

推进实施5S
现场管理
活动

一、提供资源预算

古人云：兵马未动，粮草先行。如果企业不提供必要的资源支持，最后可能导致很多事情一拖再拖，从而使5S活动半途而废。为了保证5S活动的推行，需要及时提供必需的资源，主要包括：资金资源、人力资源、时间资源。

（一）资金资源

进行5S活动，需要制作一些宣传标语，需要购置一些看板、表卡、标识牌等物品，还要购置必要的清扫工具等，这些都会涉及资金。5S推行办公室需要对5S活动推行所需要的资金数量提前编制预算，上报领导，通过行政办公流程审批。

（二）人力资源

人力资源非常重要，为避免出现开展5S活动无人负责的情况，企业对推行5S活动所需的人力资源需要提前做好安排。通常要选举或者任命从事5S的专职人员、5S活动的区域负责人、5S活动的执行人员。

（三）时间资源

为了保证5S活动的时间，企业需要提前对工作时间进行规划，5S可在上班时间内或加班时间以及节假日进行，上班时间相关部门负责人需提前做好工作进度安排，确定在什么时间执行、活动的频率等，避免工作和5S活动出现冲突。

二、督导落实

督导落实，杜绝光说不练。员工是否行动，5S活动能否落实是5S活动能否成功的关键。员工行动，5S活动得到落实，5S活动就可能取得成功；员工不行动，5S活动得不到落实，5S活动最终将走向失败。企业在推行5S活动的过程中，必须杜绝光说不练的情况。为了使现场变得干净整洁而让员工积极主动地采取行动，进行整理、整顿、清扫等工作，确保5S活动得到有效落实，杜绝员工光说不练，企业领导、5S推行专员以及各部门5S负责人需对5S落实情况进行监督和指导。

（一）把握项目进度

按5S活动推行计划进行项目进度的控制，避免开始时热情高涨、一段时间过后半途而废情况的发生。

（二）员工指导

指导员工正确运用5S相关工具开展5S活动，确保5S活动正确推行。

（三）查找问题并积极解决

在开展整理、整顿、清扫等工作过程中，难免会出现不明白或不能解决的问题，5S推行专员需及时对问题进行解决，确保员工能有效开展5S活动。

5S推行专员或各部门负责人员在监督指导的过程中，对员工不执行或工作不到位的情况，应尽量避免出现不耐烦或大声指责等行为，否则只会让员工更加抵触5S活动。对于员工不执行的情况，要主动与员工进行沟通，找出其不愿实施的真正原因，对其进行劝说、解释；对于员工工作不到位，则需对其进行指导，协助其解决。

三、团结一致

团结一致，全员参与活动。在5S活动的推行过程中，5S活动的各阶段都必须向每个人分配明确的任务和职责，由员工亲自去落实5S职责，完成5S任务。因此5S活动推行不只是5S推行委员会或是管理人员的事情，而是全体成员的事情。为了保证5S活动的有效推行，企业全体成员必须团结一致，共同参与。

（一）全体员工参与5S活动的具体实施要点

（1）在整理阶段，全员一起实施整理，清除废物，创造舒适的工作环境。

（2）在整顿阶段，全体员工一起进行物品的安置，使区域布局、物品定位趋于合理，方便取用和归还，减少寻找时间和寻找过程中的焦虑情绪。

（3）在清扫阶段，全体员工要进行彻底的清扫，力求现场整洁明亮，创造无垃圾、无污染的清洁工厂或车间。

（4）在清洁阶段，全体员工需要时刻维护工作场所的清洁，保持其干净整洁。

（5）在素养阶段，全体员工都要养成良好的工作素养，创造一个良好的工作环境。

推行5S活动不仅能够创造干净、整洁、舒适的现场环境，参与者的意识也会发生改变，并能体会到现场改善后的成就感。

（二）调动员工参与的积极性

为了使全体员工都参与5S活动，企业可通过开展丰富多彩的活动来激发员工的热情，调动员工参与的积极性。常见的活动有：

（1）发行5S活动刊物，或在现有刊物上开辟5S专栏进行宣传。

（2）制作5S宣传板报，张贴或悬挂5S标语、口号。

（3）召开5S活动动员会和报告会。

（4）开展5S宣传画、标语、口号等征集活动。

（5）开展5S竞赛和检查评比、表彰活动。

四、划分责任区域

专人专区，划分责任区域。划分责任区域是指将5S活动区域具体划分落实到各部门或生产现场各班组的人员身上。

5S现场管理刚开始的时候，因为所有人都在摸索着前进，因此十分准确地确定岗位责任人有点困难，可能会出现扯皮现象。

5S活动开展一段时间之后，岗位责任人基本上可以明确，设置专人专区，可以保证事事有人管，人人有事做，5S活动成果能够维持下去。同时，通过明确每个人的责任，使所有人都不能置身事外，员工都能够融入整个活动中。进行责任区域具体划分时，可参照如图2-5所示的方法。

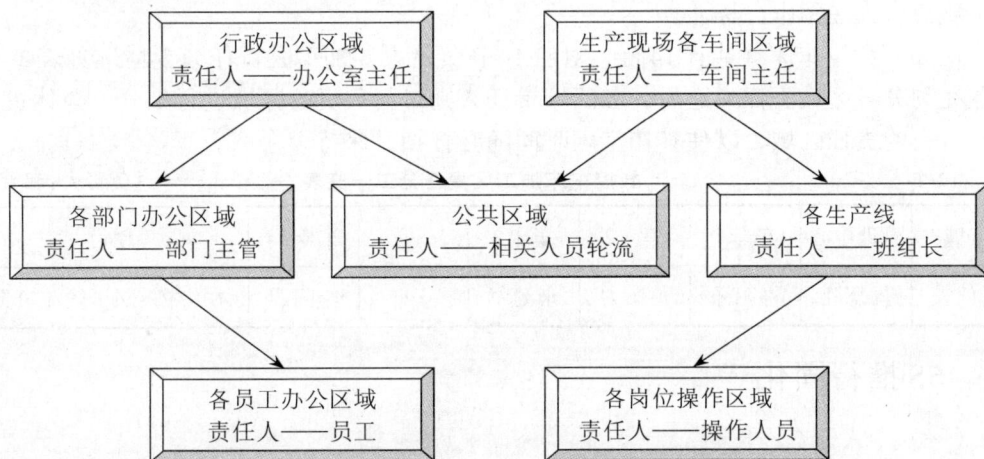

图2-5　责任区域划分方法

（一）办公区域问题递进管理

（1）将办公区域划分成多个区域。办公室主任是总负责人，各部门主管是小区域负责人。

（2）在出现问题的时候，由5S推行小组找到负责人，使员工在发现无法解决的问题时候能够找到可以"依靠"的人。

（3）由5S推行小组到各区域负责人，再到各责任区域主管，层层递进，能够有助于执行力的提高，方便管理。

（二）责任区域划分样例

公司5S责任区域划分如图2-6所示。

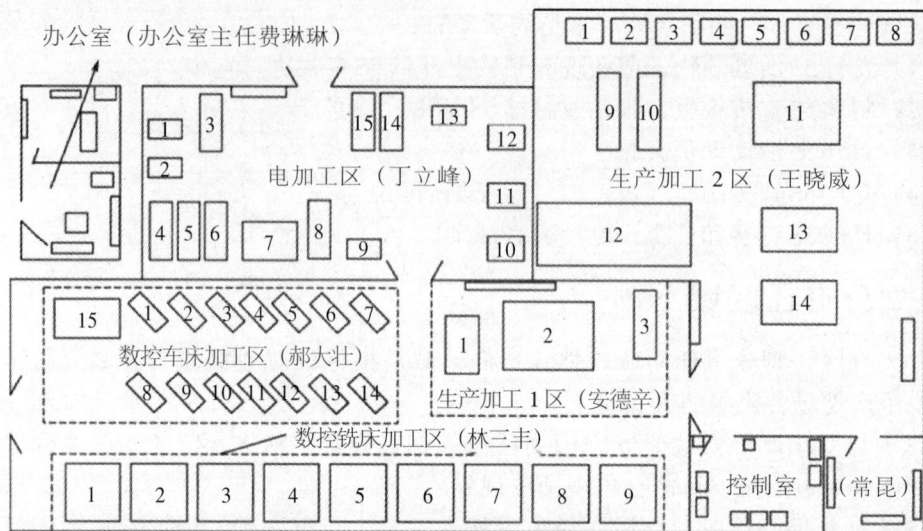

图2-6 某公司5S责任区域划分图

在图中，生产现场责任区域主要划分为7个区，包括电加工区、生产加工1区、生产加工2区、数控车床加工区、数控铣床加工区、控制室、办公室，其相应的5S责任区域负责人在图中已标注。

例如，数控车床（共计14台，对应14名负责人）加工区责任分工情况见表2-5。企业在划分各区域责任人之后，各区域责任人则对其负责的区域进行细分，全体员工都有各自的责任区域，以便其在空闲时间随时打扫，保持干净。

表2-5　　　　　　　　　　　**数控车床加工区责任分工一览表**　　　　　　　总负责人：郝大壮

区域	管理中心	车床1	车床2	车床3	…	车床14	通道
责任人	闻德胜	刘阳洋	葛田力	李健康	…	李阿四	本区域内员工轮流负责

五、5S 推行固化

（一）专人巡查

专人巡查可以检查是否达到目标。为了确保5S活动达到预期的效果，企业需确定专人对各区域的5S实施情况进行检查。通常，5S推行委员会每月组织相关人员对5S活动的实施情况进行监督检查，5S推行办公室则负责日常的5S活动监督巡查工作。5S推行办公室在日常的监督巡查过程中，最大的障碍是公共区域的5S监督巡查，因为几个部门可能负责同一个区域，发现5S问题时较难判断应由谁负责、扣谁的分。因此，5S推行办公室采用以专职巡查为主、区域负责人巡查为辅的方式进行检查，在落实责任的基础上合理扣分，充分体现区域内责、权、利相统一的原则，调动区域责任部门的积极性。

5S推行办公室及区域负责人在巡查的过程中，需要注意的巡查要点包括：

38

（1）对公司全部区域进行监督巡查，每月的监督巡查工作至少有一次覆盖公司所有区域。

（2）5S推行办公室在监督巡查结束后，将检查结果形成记录，向领导报告检查结果。

（3）应将监督巡查期间在各区域内拍摄的违规现象的照片，及时反馈到责任部门。

（4）各部门5S管理员在收到区域违规照片后，及时进行整改。

（5）5S推行办公室对整改情况进行跟踪，监督整改情况。

5S推行办公室可参照5S检查表确定的事项进行巡查。一般来说，5S推行专员在进行巡查时，不应拘泥于检查表规定的内容，可以不拘泥于形式，从企业的大局出发提出5S要求，督促现场部门进行改善。若太拘泥于检查表的具体检查项目，就可能失去对活动大局的有效掌控。

（二）评比考核

有奖惩才会有动力和压力。如果领导只是从口头上要求员工好好进行5S活动，而不对实施的结果进行评比考核并做出相应的奖惩，会造成员工没有动力和压力去坚持实施5S活动。企业领导要定期对5S活动进行考核评比，对5S活动开展得好的部门进行奖励，对开展得不好的部门进行惩处，这样员工才会有动力和压力。

1.制定评分标准

通常对于工厂而言，5S的检查评分标准有两种：

（1）生产现场评分标准，适用于生产车间、仓库等一线部门。

（2）科室评分标准，适用于办公室等非生产一线的工作场所。

企业需要根据情况制定相应的评分标准进行评价。

2.考核阶段

企业在进行评比考核时，主要分为两个阶段进行。

（1）召开评比考核会。由被评比考核的部门就5S活动的开展情况向评比考核组汇报。

具体的报告内容包括5S活动实施过程、实施效果、活动开展的方向、本部门5S活动的成果总结。

（2）现场评比与考核。评比考核组针对各部门现场进行评比考核。

评比考核会结束后即进入现场评比考核阶段，具体操作如下：

① 评比考核组听取现场工作人员实地介绍5S活动的改善事例和改善心得。

② 按评分标准进行实地检查。

③ 由评比考核组直接评价被评比考核部门的5S活动所取得的成绩和存在的不足。

（三）活动奖惩

5S活动评比考核结束后应尽快拿出相应措施，这样才能调动员工积极性，参与活动才会有动力。

（1）对于开展5S活动存在不足的，向被评比考核部门发出5S活动整改表。

（2）对于整改不到位的，适当地进行惩处。对环境一直脏乱差的部门进行惩处，限期改正，如以后不再发生，则可不对其进行处罚，如很快又恢复脏乱差的，则对其加倍处罚。

（3）定期召开5S活动表彰会。对于5S活动做得完善到位的、环境干净整洁的部门要进行奖励，颁发优秀流动红旗进行表彰。

（四）持续改进

持续进行，不断深化。开展5S活动常会出现这样的情况：最初制订的5S活动推行计划开展得很顺利，过一段时间就无疾而终了，或者有的企业花了好几年的时间推行，但结果却与目标相差甚远。不少企业发生过"一紧、二松、三垮台、四重来"的现象，因此，开展5S活动贵在坚持。

1.引进PDCA循环管理方法

为将这项活动坚持下去，企业在推行5S活动时，可以引进PDCA循环管理方法，对5S活动的整体工作进行流程管控。PDCA循环是指：P——计划（Plan），D——执行（Do），C——检查（Check），A——处理（Action）。每推行一次PDCA循环，5S活动就会提高一步，现场就会进一步改善。企业在5S活动推行期间，各个部门和车间也需要将计划、执行、检查和处理工作持之以恒地做下去。持续推行5S活动会逐步见成效，若不能坚持，则5S活动很难成功。PDCA循环具体如图2-7所示。

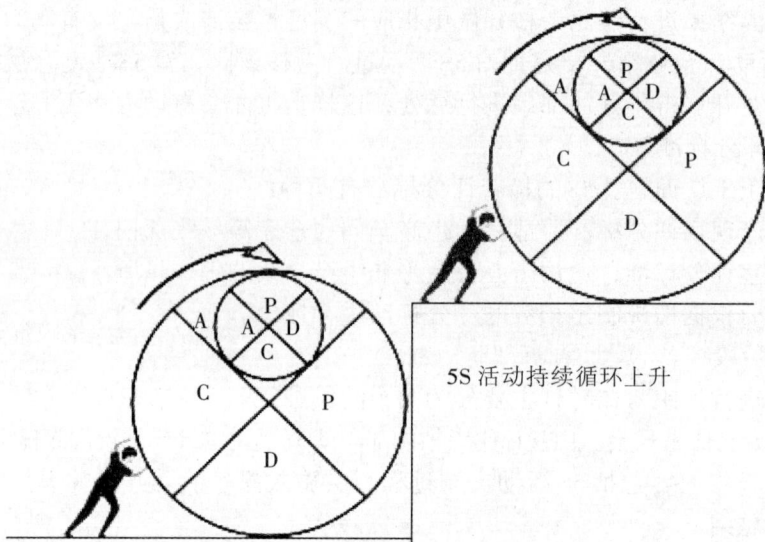

5S活动持续循环上升

图2-7　PDCA循环示意图

2.坚持不懈深入开展5S活动

为了确保5S活动工作执行到位，企业需持续坚持施行5S管理法，即常整理、常整顿、常清洁、常规范、常自律，不断深化开展5S活动。各部门和车间人员也需持续贯彻5S管理法，确保5S活动持续进行下去（如图2-8所示）。除了这些方法之外，还要将5S活动纳入岗位责任制，使每个部门、每名员工都有明确的岗位责任和工作标准，严格、认真地搞好检查、评比和考核工作，将考核结果同各部门和员工的经济利益挂钩。

（五）通过标准化形成固定企业文化

固化效果，形成固定企业文化。在5S的推行过程中，企业很容易陷入一个怪圈，就是全体员工动手大扫除或者收拾一通后，就认为达到了5S的要求，然后便制定相应的考核、奖惩制度来维持，以为从此可以一劳永逸了，但是过一段时间企业内又恢复到原来的样子。

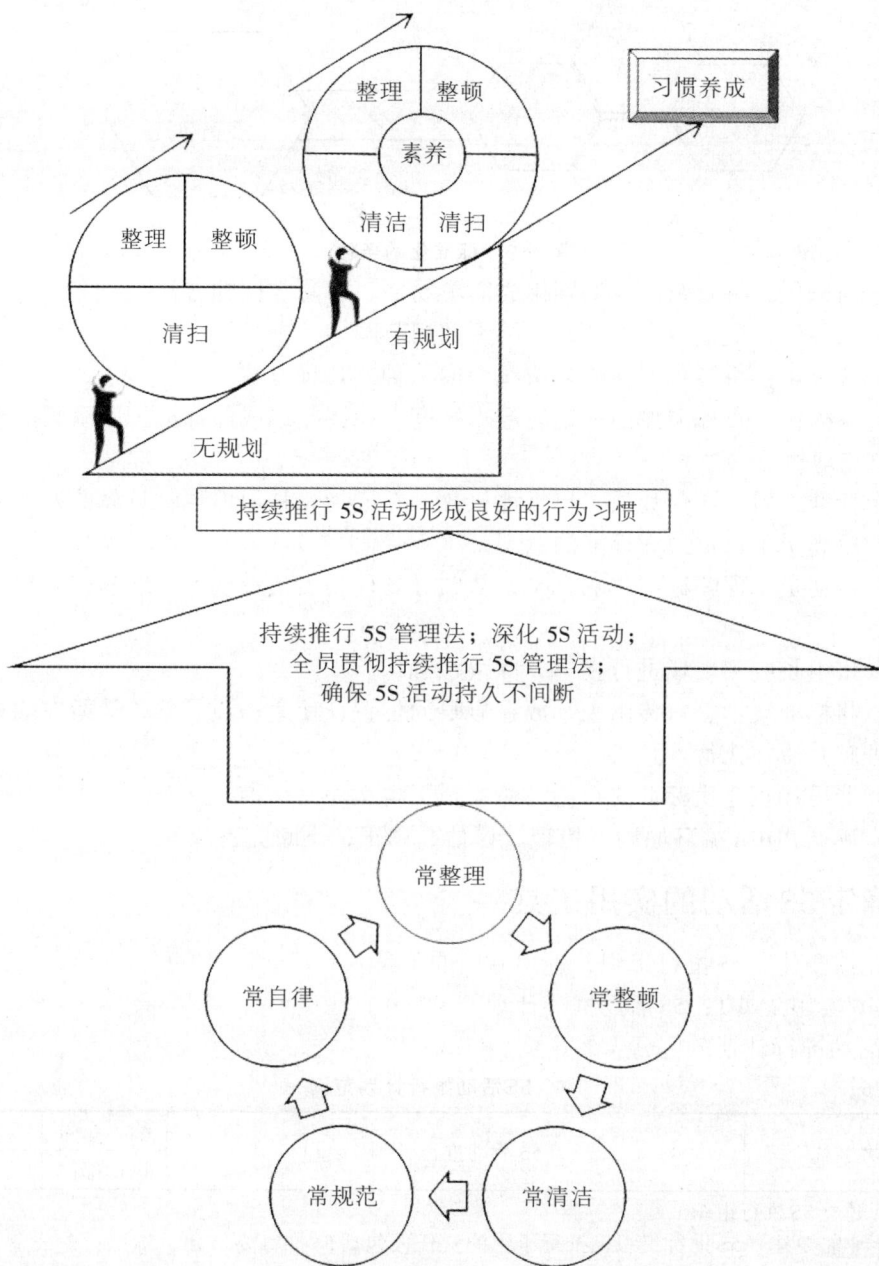

图2-8　持续改进的5S管理法示意图

1.标准化

企业为了固化5S活动的效果，需要形成固定的企业文化，为此需要将5S推行工作标准化。通过标准化，固化员工的工作方式，使员工形成良好的习惯，从而达到固化5S活动效果的目的。标准化是指对一项工作或任务以最好的实施办法作为标准，让所有的人都按照这个标准执行。工作实施办法的标准化需要满足如图2-9所示的条件。

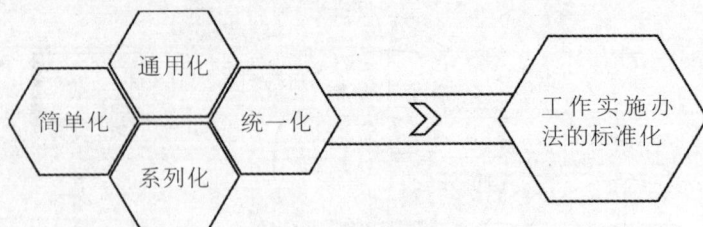

图2-9 标准化的条件

（1）简单化：将复杂的方法转化成简单易懂、容易掌握的方法。

（2）通用化：尽量减少独特性，扩大适用范围。

（3）统一化：将各种不同的方法统一成一种或几种方法。

（4）系列化：将标准按照一定的逻辑维度、特性归纳或演绎成相应系列的标准。

2.自觉地执行

制定标准之后，如何让员工自觉地执行，并成为一种习惯呢？具体的方法如下：

（1）提高员工自觉遵守标准的意识。

（2）帮助员工理解标准化的意义，从领导到现场人员都要深入理解，并参加教育和培训。

（3）班组长要到现场进行指导，并跟踪确认。

（4）将标准展示、宣传出来，放在显眼的位置，使之一目了然，让所有的员工都能充分理解并遵守执行。

（5）严厉指正违反标准的行为，避免员工再次违反标准。

（6）遵循PDCA循环原则，检查、评估、修正，不断完善。

六、确定5S活动的实用工具

企业需要建立5S推行组织，选用专门的工具。

（一）实用工具1：5S活动推行计划

5S活动推行计划范例见表2-6。

表2-6　　　　　　　　　　　　　　5S活动推行计划范例

文案名称	5S活动推行计划	编　　号	
		执行部门	

一、建立5S推行组织

1.企业需要建立5S推行组织，推行小组的责任人包括5S推行委员会、5S推行办公室、各部门推行负责人以及部门5S代表等。

2.公司最高管理者是5S推行委员会的负责人，各职能部门主管是本部门的推行负责人。

二、确定5S推行组织的职责

在5S推行组织建立之后，需要确定5S推行组织的职责，以便其按职责进行5S推行工作。

三、规划5S的责任区域

公司5S推行组织建立后，首先应明确划分各部门的5S责任区域，确定5S责任人员，以区域图的形式张贴公布。

四、制定5S推行方针及目标

依照企业特色制定具体可行的推行方针，作为5S活动展开的准则及推行的方向。同样也要预先设定目标，作为5S推行的努力方向及推行成果的参照。

五、5S活动推行的日程

编制日常活动推行计划表，保证活动按计划进行。执行期间需设定具体主题，既要有长计划，又要有短安排。5S推行计划经推行委员会讨论定案，由主任委员审阅、核准，并予以公布执行。

六、制定5S活动实施办法

5S活动的推行与展开，要通过明确的书面规范让员工了解哪些可做、哪些不可做、怎么做才符合5S精神等。5S活动实施办法包括：物品要与不要的区分标准、不要物的废弃处理方法、5S活动考核评比方法等。

七、推广宣传与教育训练

1.教育训练是5S活动成败的关键，特别是本部门主管一定要起表率作用，做好本部门的老师，使全员达成一致认识。

2.经过一段时间后，5S推行专员要组织各项推广宣传活动，进行宣传造势，在全厂范围内张贴标语等。

八、5S活动试点展开

1.5S开始时应先选择特定的示范区域，树立样板区，利用示范区域的经验推进活动。

2.在确定试点单位后，5S推行专员协助示范区域主管制订施行方案，并督导做好试行前的准备工作。

3.5S活动在试点单位开展一段时间后，由5S推行委员会检查试行方案的落实、执行情况，评价活动的实施效果等。

九、5S活动正式实施

1.通过对试点部门5S试行结果进行验收确认后，确定公司正式实施5S的活动方案及推行办法、推行时间，由5S推行委员核准后予以公布，让全公司员工了解5S活动推行的进程。

2.活动办法由推行办公室向各推行专员进行说明，各推行专员向本部门员工进行说明。

3.当5S活动确定全面展开和实施时，公司最高层应召集全体人员举行宣誓大会。

十、5S活动的诊断与检查

5S活动的整个推行过程，必须对每个"S"进行定期诊断与核查，对活动过程中的偏差及时采取对策进行修正。

十一、5S活动评价

1.制定评分标准。

2.确定5S的评分方法。

（1）确定评分的频率。

（2）确定评分的工具。

（3）确定5S评分计算方法。

3.运用目视管理（颜色板）公布5S活动评分。

4.制定奖罚的规定。

十二、5S活动的检讨与改善

问题点的检讨。5S推行专员依照5S评分表中记录的问题点进行整理，统计各部门的总缺点数量及主要缺点项目，做成各部门重点改善项目，并将5S活动整改通知传达至各部门，要求在限期内进行整改。

十三、纳入日常管理活动

5S活动的实施要不断进行检查改善以及效果确认，当确认改善对策有效时，要将其标准化、制度化，纳入日常管理活动架构，将5S的绩效、客户投诉率等并入日常管理活动中。

编制人员		审核人员		批准人员	
编制日期		审核日期		批准日期	

（二）实用工具2：5S活动巡查问题记录

5S活动巡查问题记录范例见表2-7。

5S活动巡查问题记录范例

表2-7

1. 发现问题的巡查人员

总经理	生产部经理	物控部经理	品质部经理	行政部经理	采购部经理	A车间主任	B车间主任	C车间主任	食堂主管
	生产部代表	物控部代表	品质部代表	行政部代表	采购部代表	A车间代表	B车间代表	C车间代表	食堂代表

2. 上次巡查不良点点改善状况

责任部门	生产部	物控部	品质部	行政部	采购部	A车间	B车间	C车间	食堂
改善率									

3. 与上次巡查情况的对比

责任部门	上次巡查问题情况				本次巡查问题情况			成绩
	1	2	3	4	1	2	3	4
生产部								
物控部								
品质部								
行政部								
采购部								
A车间								
B车间								
C车间								
食堂								

4. 本次巡查问题明细

责任部门	不符合事项内容	改善要求

备注:

（三）实用工具3：5S活动考核评分办法

5S活动考核评分办法范例见表2-8。

表2-8　　　　　　　　　　　　**5S活动考核评分办法范例**

制度名称	5S活动考核评分办法	编　　号	
		执行部门	

第1章　总则

第1条　目的

为了使公司5S活动能够有效实施和不断进行改进，促进公司产品质量和工作效率的提高，更好地满足客户需求；同时有效地创造良好的员工工作环境，保证员工安全，提升公司整体形象，特制定此办法。

第2条　适用范围

本办法适用于全公司的5S责任区。

第3条　管理职责

由公司5S推行办公室负责组织对全公司5S责任区的检查、考核评比和奖罚等工作。

第2章　考核评比准备

第4条　5S评比责任单位划分

为保证评比公平、公正，根据责任区的性质不同，分为三组（只组内考评，不进行组间考评）。第一组是办公室区域，第二组是生产现场区域，第三组是公共管理区域。

第5条　确定考核评比频率

考核评比频率主要包括周考评、月考评以及年度考评。

第6条　确定考核评比形式

1.考核由上至下分级开展，5S推行办公室考核部门经理，部门经理考核车间主任，车间主任考核班组长，班组长考核员工。

2.各级的考核范围为其责任区域，考核人员在员工的责任范围内发现不符合标准的扣分项，不论是由哪名员工造成的，全部由该区域负责人承担，对其扣除相应不符合项的分数。该区域负责人发现某员工不符合标准项，则直接扣该员工相应不符合项分数。

第7条　5S考核评比规定

1.5S推行办公室依据本制度及5S检查表对5S活动进行考核。

2.对5S检查不合格部分拍照留影，检查结果由5S推行办公室人员记录并汇总公布。

3.5S推行办公室依据检查结果，分发5S纠正措施单，并监督整改。

第3章　考核评比实施

第8条　周考评

1.由5S推行办公室组织于每周四和周五分别对各部门5S责任区进行检查评比，为保证公平合理，责任区负责人不可以对其所在的责任区打分。

2.根据5S检查表给各责任区的整理、整顿、清扫、清洁、素养工作进行打分。

3.对各责任区存在的主要问题点进行记录，对责任区上周发现的问题点的整改情况进行检查。

4.对改善亮点或存在问题点，进行拍照。

5.5S推行办公室依据打分结果进行统计、评比并通报公布。其中，周成绩等于检查小组各组员打分的平均值。

第9条　月考评

1.月考评的检查细则内容与周考评相同。

2.月考评成绩=第一周考评成绩+第二周考评成绩+第三周考评成绩+第四周考评成绩。

3.根据月考评结果，对取得重大进步的5S责任区，公司将重点表扬（公司设置重大进步奖）。

4.根据月考评结果，若有突出改善案例的5S责任区，可向5S推行办公室提交改善案例，经办公室确认后，公司将重点表扬（公司设置优秀改善案例奖）。

5.月考评结果，将纳入各部门经理的绩效考核。

第10条　年度考评

1.由5S推行办公室组织各部门5S责任区负责人进行年度考核及评比。

2.根据各部门5S责任区月考评结果，综合日常工作中的表现情况，从所有5S责任区中选取六个入围，参与年度优秀5S责任区评比。

45

3.被选中的六个入围的5S责任区，每个责任区需提交一份"本5S责任区年度工作总结报告"（PPT格式），经5S推行办公室组织专人进行打分。

4.报告评价完毕，5S推行办公室对参评责任区进行现场打分。

5.年度评比报告占总分的60%，现场打分占总分的40%。

6.年度考评结束后，由5S推行办公室进行统计、评比，公布优秀5S责任区。公司领导对获奖的优秀5S责任区和获得入围的5S责任区颁发证书、奖金。

第4章　考核评比奖罚规定

第11条　月度考评奖罚规定

月度考评结束后，人力资源部可按照月度考评奖罚规定，对员工进行奖惩。

月度考评奖罚规定

月度考评结果	具体奖罚措施		
	5S责任区	责任区负责人	责任区部门部长
第一名	奖先进5S责任区流动红旗； 奖办公室人员150元、现场人员300元	加绩效分1分	加绩效分2分
第二名	奖先进5S责任区流动红旗； 奖办公室人员100元、现场人员200元	加绩效分0.7分	加绩效分1.4分
第三名	奖先进5S责任区流动红旗； 奖办公室人员50元、现场人员100元	加绩效分0.4分	加绩效分0.8分
重大进步奖	奖150元	加绩效分0.5分	加绩效分1分
优秀改善案例奖	奖100元	加绩效分0.5分	加绩效分1分
对月度考评排名较低的人员提出批评，并视情况减绩效分			

第12条　年度考评奖罚规定

年度考评结束后，人力资源部可按照年度考评奖罚规定，对员工进行奖惩。

年度考评奖罚规定

年度考评结果	具体奖励措施
优秀5S责任区第一名	"年度优秀5S责任区"奖牌，奖金1 500元
优秀5S责任区第二名	"年度优秀5S责任区"奖牌，奖金1 000元
优秀5S责任区第三名	"年度优秀5S责任区"奖牌，奖金500元
入围奖	"年度优秀5S责任区入围"奖牌，奖金300元
对年度考评排名较低的责任区提出批评，并视情况惩罚	

第5章　附则

第13条　解释权、修订权

本办法由5S推行办公室制定，其解释权、修订权归5S推行办公室所有。

第14条　审核、实施

本办法由5S推行委员会审核，总经理审批通过后实施。

编制人员		审核人员		批准人员	
编制日期		审核日期		批准日期	

（四）实用工具4：5S检查表（办公室）

5S检查表（办公室）范例见表2-9。

表2-9　　　　　　　　　　　　　　5S检查表（办公室）范例

5S	序号	项目	评分标准				
			1分	2分	3分	4分	5分
前4S	1	办公桌	桌面凌乱，办公用品随意摆放	物品堆积，未区分常用物品和非常用物品	偶尔对办公桌进行整理	定期对办公桌进行整理，未对物品进行定位放置	办公桌面整齐干净，办公用品定置摆放
	2	抽屉	抽屉内混乱，办公用品随意摆放	私人物品与公用物品未区分开来	私人物品与公用物品分开放置	全部为公用物品，但未进行定位放置	全部为公用物品，物品进行定位放置
	3	文件档案	文件档案没有标识	文件档案标识不明确，或不统一	过期或无用的文件档案占据大量空间	基本没有过期或无用的文件档案	文件档案全部标识，一目了然
	4	公告栏	公告物品未按规定进行展示	公告物品按规定进行展示，但存在破损或过期	公告物品进行一定管理，但是不整洁	公告物品进行定期清扫和更换，偶尔有不干净整洁的情况	公告物品每日均检查清扫，干净整洁
	5	办公区域	办公区域凌乱	办公区域比较整齐，但没进行区域的规划	办公区域现场比较整齐，区域规划模糊不清	现场整齐，区域规划清楚	空间布局合理，物品进行合理的放置
	6	清扫工具	破损不堪，不能使用，随便乱放	清扫工具集中放置在一起	有定位，但未进行标识	能使用，有保养，有定位，但不整齐	摆放整齐、干净，采用目视管理
素养	7	日常5S活动	办公区域地面有污渍	垃圾很显眼，没做到日常清扫	办公桌下面、角落里还不清洁	进行日常清扫，桌面基本清洁	随时保持清洁，已成为工作的一环
	8	制定作业标准	没有制定作业标准	有一半制定了作业标准	大部分都制定了作业标准	只有最近新开的业务没有制定统一的作业标准	全部都制定了作业标准
	9	行为规范	没有制定行为规范，没有人注意仪容仪表和礼仪	有一半人注意自己的仪容仪表和行为举止	大部分都比较注意仪容仪表和行为举止	只有一两个人员不太注意仪容仪表和行为举止	仪容仪表符合行为规范，能够有礼貌地问候，行动有礼有节

（五）实用工具5：5S检查表（生产现场）

5S检查表（生产现场）范例见表2-10。

表2-10　　　　　　　　　　　5S检查表（生产现场）范例

5S	序号	项目	评分标准				
			1分	2分	3分	4分	5分
前4S	1	通道	有很多的东西或脏乱	行驶不通畅	摆放的物品超出通道	物品超出通道，但有警示牌	既畅通又整洁
	2	物料	1个月以上未用的物料杂乱摆放	没有无用物料，常用物料杂乱摆放	有定位但未严格执行或无标识	有定位，也处于管理状态，但拿取不方便	物品定位摆放整齐，拿取方便
	3	工具设备	破损不堪，不能使用，放置杂乱	不能使用的集中放置在一起	有定位，但标签破损或有污迹	能使用，有保养，有定位，但不整齐	摆放整齐、干净，采用目视管理
	4	操作台	不使用的物品摆放杂乱	不使用和常用物品分开放置	放置经常使用的物品，但杂乱	物品编制整齐，但是有灰尘，未定位	物品定位编制整齐，干净整洁
	5	货架	物品摆放很凌乱	物品摆放整齐，但未分类存放	物品分类存放，但未进行标识	物品分类存放，并进行标识，但浪费空间	规划适当，货架、物品、标识一致
	6	公告栏	文件破损且有灰尘，或书写杂乱	过期的文件未及时撤掉	张贴、书写不整齐，但是整洁	从左到右张贴整齐，看板清洁干净	看板有做美术设计，漂亮、新颖，整洁干净
	7	文件档案	放置凌乱，使用时找不到	虽然放置杂乱，但可以找到	集中保管，但缺乏整理	分类保管，但无次序	干净、整齐、有次序，能很快找到
	8	工作区域	工作现场凌乱	现场比较整齐，没进行区域的规划	现场比较整齐，区域规划模糊不清	现场整齐，区域规划清楚	各区域进行定位，空间干净、整齐、亮丽
	9	地面	偶尔清理，地面有污渍	经常清理，有脏污痕迹	地面不是很平整	经常清理，地面没有脏物且平整	地面干净，感觉舒服
	10	洗手间	容器设备、地面等脏乱	各设备损坏未修补	进行定期清洁，但有异味	经常清理，没有异味	干净整洁，感觉舒服
素养	11	日常5S活动	没有日常清洁活动，不配合5S检查	有清洁工作，但不配合5S检查	开会对5S活动进行了宣传	平时能完成清扫工作，且积极配合稽核工作	活动热烈，大家积极配合
	12	仪表	没按规定穿工作服	按规定着装，但衣服很脏	衣服稍有脏污，但不整齐，组扣未弄好	衣服干净，但未挂工作牌	衣服干净，证件齐全
	13	行为规范	举止粗鲁、不讲文明习惯	不讲卫生，没有好的行为习惯	自己的事自己做好，但缺乏公德心	公司规定均能遵守	有主动精神，团队精神
	14	工作纪律	长期不遵守纪律，上班迟到、早退、离岗	不愿遵守工作纪律，但会尽力去做	偶尔存在违反工作纪律的现象	遵守纪律，不存在违反工作纪律的现象	积极遵守，还会提出好的意见、建议

（六）实用工具6：5S现场管理车间标准

5S现场管理车间标准范例见表2-11。

表2-11   **5S现场管理车间标准范例**

5S内容	工作内容及标准	自查频率
整理，扔掉废弃物	车间不能有没单号的物料和没用的物品，多余的物品应及时退回仓库，没用的物品应定期申请相关部门判定后及时处理掉	1次/日
	报废品应在生产当天或次日上午，请相关部门人员判定后，确认无返修价值的，应填好单据，两小时内做报废处理	1次/日
	物料、成品、不良品和报废品要做品质状态标识，按要求在标识牌上正确填写，各类生产样品要放在指定的区域内存放并做好标识，随时选择处理、消化	1次/日
	办公区失效过时的文件、资料以及相关记录和其他物品要定时清理掉，可再利用的纸张则要收集好	1次/日
整顿，摆放整齐	物料、半成品、成品、不良品不得随意摆放，要划分区域进行分类，整齐、安全、呈水平直角放置，并做好相关防护措施	1次/日
	工具、模具等物品不得随意摆放，要按指定区域或在工具箱内分类整齐摆放并做好防护	1次/日
	木地台板与铁地台板要分开叠放，预备使用或正在使用的空台板不准在车间内任意摆放，要在车间指定区域内一处呈水平直角放置，载物台板要放置在物料区域内，要求安全、美观	1次/日
	外筒推车、车架推车、轮子推车、前叉推车、管料推车同各车间内部使用的自制推车、铁筐等载具应在指定区域安全、整齐、呈水平直角放置。各车间不得摆放本车间不使用的载具	随时
	需维修的物品、机器、设备要及时报修，并在指定维修区域整齐、呈水平直角放置，各部门（车间）要维修的载具，须挂标识，填写好报修时间、报修人等，并由班长或主管签名，并于两天内由原报修人将已维修好的载具自行取回车间使用	随时
	机器、设备和非低值易耗品工具（如气动风枪等），要定期进行检查和保养	自定
	办公区域或地面、墙面等要整洁，桌椅、文件夹等要摆放整齐，干净不破烂，抽屉要整洁不杂乱，人行通道要保持畅通，办公用品要做好安全、清洁、整理等必要防护措施	1次/日
	工人的工作台面要保持整洁、干净，对正常使用破损的工作台面、座椅要及时修复、更换，对确实再无维修价值的做报废处理，报废前由行政进行实物验证，机械设备使用表面应定期除油、除垢并进行全面清洁、保养，属焊接脱落的工具、载具、工作台面、工作柜（箱）则由部门主管、班（组）长负责人，自行请求焊接部门帮助，重新焊接修复	自定
	各部门（车间）区域内不能有零件、管料、垃圾，使用的工具不准堵塞闸门，消防通道要保持畅通无阻，不脏乱，各通道、车间、区域地面油漆区分线应根据各车间损毁情况（应在辨别不清时）进行不定时重复划线，以达到区分效果。通道用绿色油漆，工作区、物料区用黄色油漆，不良品区用红色油漆	自定

49

续表

5S内容	工作内容及标准	自查频率
清扫，打扫干净	地面、墙面、安全防护网、风扇、电线、气管工具、机器设备、宣传标语、作业指导书等要保持清洁、干净，并做好安全防护措施，具体操作标准按照《安全文明生产管理制度》《安全生产操作规程》执行	1次/日
	部门（车间）载具应当自行做好防护措施，并且不定时进行清洁、防护、修复、预防产品质量问题的重复发生，车间不准使用未做好防护措施的载具	1次/日
	各车间饮具、私人物品要规划在指定位置，要求做到存放安全、整洁、美观、清洁，不得同物料工具等混放	1次/日
	灯具、风扇、打印机、电脑、空调等电器表面洁净、无灰尘，插座安放正确、无安全隐患	1次/日
	文件柜顶、表面保持洁净，无灰尘、无污迹，柜内各种票据、资料分类整齐存放，并根据资料内容统一标识	2次/日
清洁，保持整洁，持之以恒	上班随时保持整洁清洁，发现不合格项随时整改	1次/日
	有效的办公文件、资料，相关记录和其他物品（个人物品）要分类规划作定点防护存放，使用过程中，文件、资料、记录要做好保养措施，不肮脏、破烂，便于查找存放	1次/日
	下班后整理办公桌上的物品，摆放整齐；整理好个人物品，定置存放	1次/日
素养，保持良好的精神面貌	上班时间佩戴工号牌，穿戴整洁的工作服，仪容整洁大方	随时
	言谈举止文明有礼，待人热情大方，不大声喧哗	随时
	工作时精神饱满，乐于助人	随时
	不能在车间打瞌睡、吃零食、看小说、聚集聊天、追逐嬉戏，不准在工作时打架、骂架、惹是生非，待人要礼貌，人人使用文明语言；车间领料人员在与人沟通时，代表着部门的形象，必须注意个人素养	随时
	工作要主动、热情、积极，有强烈的时间观念	随时

●边学边练●

为某个车间制定5S推行目标。

金陵石化推进5S管理夯实安全根基

"这个月是咱们炼油四部的5S强化提升月，大家都想拿第一，我们可不能落后。"3月20日，金陵石化3号催化裂化装置工艺班长孙刚在现场检查班组包干区域内的流程标识，"这些标识看似不起眼，却是了解装置的窗口。刚参加工作的时候，我正是靠着现场的流程标识，才能够快速摸清装置、搞懂流程。我们现在强化5S管理，也为年轻人学操作创造了条件。"

5S管理包括整理、整顿、清扫、清洁、素养等多个方面。在安全管理强化年行动中，金陵石化充分调动全员自主抓安全、主动抓安全的积极性，通过落实整理、整顿、清扫等措施改善现场面貌，持续推进设备设施标准化、标识标牌标准化、作业现场标准化，着力提升5S管理水平，构建长效机制，为生产现场安全进一步夯实基础。

"异丁烷装置中部管廊平台板除锈后未清理干净。雨水冲刷后，铁锈掉落至地面，导致现场卫生较差。"3月20日上午，巡检回来的异丁烷装置内操员孙菁登录5S管理平台，对巡检发现的问题进行提报。目前，该平台已成为金陵石化开展5S管理工作的主要载体。

5S管理平台由该公司自主开发，将5S标准的通用要求进行整合，对"低老坏"问题进行系统梳理、归类分析，形成包含46种现场问题的分类框架。他们组织基层单位管理人员开展5S管理专项培训，最大限度地降低实施过程中的理解难度，指导5S管理工作规范开展。该公司企管和法律部副经理吕坡介绍，5S管理平台具有问题曝光、认定、分类、整改、评价、统计展示、定点摄影等功能，员工可以随时查看自己提报问题的处理进度，基层单位能够通过平台上报的问题举一反三开展自查，平台上的现场标准化项目展示也为基层单位开展5S管理提供了借鉴。

强化制度保障，全面统筹组织。该公司明确5S管理工作目标，通过泄漏管理、缺陷管理、关键设备管控等措施保障设备可靠运行，打造规范安全的生产现场。制订工作方案，建立运行保障体系，配套建立评价规则和检查考核细则，为5S管理全方位落实提供保障。编制相应的工作和管理标准，从设置目的、标准要求、规范样式等方面进行明确，为各项标准落实提供参考，促进5S管理融入日常工作。

坚持问题导向，系统推进落实。该公司系统推进"低老坏"问题整改等工作，建立问题曝光机制，积极鼓励全员参与"低老坏"问题曝光、整改，针对薄弱环节制定专项整治措施，采取随手改和集中改相结合的策略，集中力量解决现场存量问题，遏制增量问题。开展不安全行为规范化整治，布置安装智能抓拍设备，全天候识别抓拍不安全行为，定期进行通报，上网公示并落实考核。将标识标牌纳入现场管理标准，全力推进设备完整性全生命周期管理，以设备缺陷、泄漏管理为抓手，建立标准缺陷库，明确缺陷分类分级管理，重点对机泵区、管廊、配电间等进行标准化整治，实现LDAR（泄漏检测与修复）全过程智能化闭环管理，做到及时发现漏点并消除。推进作业现场标准化，不断完善提高动火、受限空间、高处等危险作业管理标准，作业现场设置材料摆放区域，脚手架管材、液位计、阀门等材料按照规格分类摆放，防止检修材料随意堆放造成安全隐患。

上下联动改进，全员参与提升。该公司始终将基层单位放在实施5S管理的重要地位，坚持自上而下策划、自下而上改进，营造上下联动、全员参与的良好氛围。完善评价细则，强化检查通报的长效工作机制，不断优化管理标准，促进现场安全管理水平持续提升。持续完善基层单位5S管理检查评价规则，对基层单位落实的5S管理项目进行排名，设置专项奖励，并将基层单位5S管理推进落实情况纳入基层单位总评。建立通报机制，及时通报各单位优秀实践、存在问题等情况，使基层单位发现的同类型问题能够快速对标整改，有效助力管理标准化，形成互学互促、取长补短的良好氛围。

资料来源　陈伟伟. 金陵石化推进5S管理夯实安全根基［N］. 中国石化报，2023-03-22.

项目小结

通过本项目的学习，明确了在5S现场管理的推行工作中，首先要详细分析导入5S现场管理遇到的问题，明确5S现场管理是一把手工程，了解5S现场管理的定位与目标，实现5S现场管理的关键重点在于三个方面，即领导层意愿、有效的推进方法、调动员工积极性。了解解决问题的途径是实施导入5S现场管理的准备阶段，要设立样板区，然后逐步进入5S推行实施阶段，提供资源预算、督导落实、团结一致、划分责任区域、5S推行固化、确定5S活动的实用工具，形成固定的企业文化，明确在推行时必须贯彻执行、全力以赴、持之以恒地做好5S管理，日日做、时时做。

项目检测

一、选择题

1.5S推进必须扎扎实实地做好每一个步骤，在（　　）等方面进行有效的组织。

A.人员　　　　　　　B.资源　　　　　　　C.声势　　　　　　　D.体制

2.5S推进实施与评价的三个阶段是（　　）。

A.准备阶段、实施评价阶段、巩固阶段

B.实施评价阶段、准备阶段、巩固阶段

C.巩固阶段、实施评价阶段、准备阶段

D.以上都不对

3.为了使5S方针更加具体化，推行人员可以5S方针为基础框架设计具体的5S目标。具体目标为（　　）。

A.提高可视化

B.创造干净舒适的工作环境

C.提高工作效率

D.获得客户的满意

二、判断题

1.5S推行办公室在制订推行计划时，首先需拟订草案并评估成效，在经相关人

员讨论后交给5S推行委员会审核后再确认推行。 （ ）

2. 企业在推行5S的过程中，千万不能"一紧二松"，而是要做到由上到下、有始有终地推行5S，成功的唯一诀窍就是贵在坚持。 （ ）

三、实践训练

6人为一组，模拟5S推行小组的组织构架，推选各部门的5S代表，制订5S推行计划，并监督计划的实施。

整理

【学习目标】

＊知识目标

◆ 了解整理的含义。

◆ 了解整理的标准和方法。

◆ 明确整理的推进重点。

＊技能目标

◆ 明确正确进行整理的方法。

◆ 具备保持整洁的作业现场的能力。

◆ 能够明确作业现场物品摆放的位置。

＊素养目标

◆ 厚植规范管理和生产安全意识。

◆ 培养学生爱岗敬业的品德素质。

◆ 培养学生精益求精的工匠精神。

【思维导图】

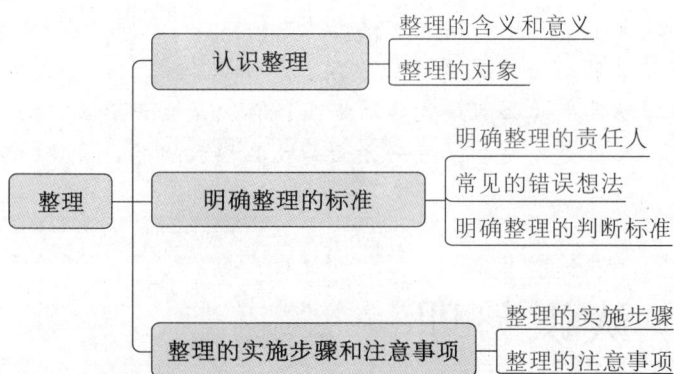

工作场景

整理是
第一任务

某公司的车间内，具有丰富管理经验的现场主管钱晓铭正在向总经理董管理汇报月度工作。

董管理："钱主管，你看我们车间之前总是乱糟糟的，你来了之后不仅整体工作效率提升了不少，车间也整洁多了。你是怎么做到的？"

钱晓铭："董经理，这其实就是'整理'的意义。整理是5S现场管理的重要内容，通过实施整理可以取得很多成效，例如腾出空间、增加作业面积、减少库存、节约资金、减少磕碰机会、提高产品质量等，这些对创造一个秩序良好的现场，提高企业的经营效率具有非常重要的意义。"

董管理："要具体实施整理，该如何着手呢？"

钱晓铭："要实施整理，必须按步骤进行。首先要做好教育工作，使员工了解整理，然后要进行现场检查，定点摄影，最后清除与处理非必需品，彻底完成整理工作。"

董管理："那么，在整理的时候，要注意哪些事项？"

钱晓铭："整理是一件细致的工作，有很多注意事项。整理是要清除现场的非必需品，但不是扔东西，整理的处理方式有很多，包括废弃、烧毁、切碎、收藏、转送、转让、廉价出售、再循环利用等。同时要注意不产生新的非必需品，导致前面的工作成效付之东流。"

启示：通过以上对话我们可以发现，整理作为5S的重要内容，是5S的出发点，也是第一项任务。通过整理释放空间，后续的4S才能更好地发挥应有的效果。整理是为了区分物品的用途，没有用的、多余的东西及时处理，腾出工作空间，营造清爽的工作环境，也减少了工作中的误送、误用情况。

因此，整理带来的好处首先是释放空间，增加工作面积；其次是提高工作效率，畅通无阻的工作环境带来的必然是效率的提高；再次是生产更加安全，一方面是没有磕碰、没有阻挠，人员更加安全，另一方面是物品摆放规范，管理方便，减少混放带来的差错。

微课 3-1

认识整理

任务一 认识整理 /////////。。。。。。。。。

56

一、整理的含义和意义

（一）整理的含义

整理是指将必需物品与非必需物品区分开，清理非必需物品，在岗位上放置必需物品的活动。整理活动是5S活动实施阶段的第一步，公司通过整理活动可以减少非必需物品所占用的空间，确保必需物品所需要占用的空间。

整理非必需品时，该丢的就丢，不要觉得可惜，因为通过丢弃非必需品会把有价值的物品凸显出来，并且可以避免下次继续购买不必需的物品。整理的工作流程如图3-1所示。

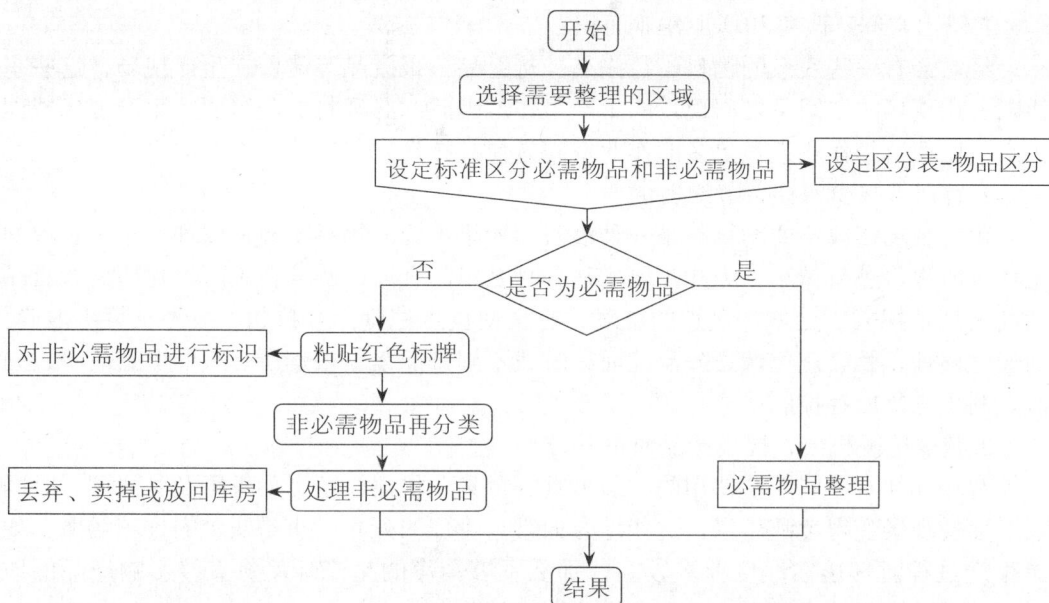

图3-1　整理的工作流程

（二）整理的意义

在进行整理工作之前，员工首先需明白企业为什么要开展整理工作，整理工作会给企业带来什么样的好处。

企业需要对办公室、生产现场和仓库等场所进行整理，因为这样可以减少浪费，同时也可提高产品和工作的质量。如图3-2所示：（1）办公室桌面文件通过整理，能快速找到所需文件资料，提高办公效率；（2）生产现场通过整理后，能够腾出更多空间，使现场物料一目了然。

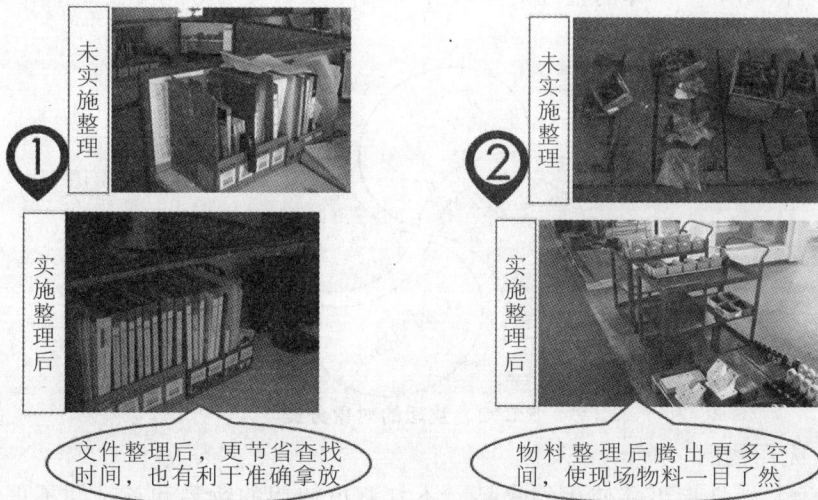

图3-2　整理的价值所在

57

在工作现场，区分需要和不需要的工具及文件等物品对于提高工作效率具有促进作用。良好的整理工作能够为后续的整顿、清扫等做好准备。

1.腾出空间，改善和增加作业面积

经常会有一些残余的物料、待修品、待返品、报废品等滞留在生产现场，这些东西既占用现场的空间又妨碍现场的生产工作。因此，必须将这些东西从生产现场整理出来，以便留给作业人员更多的作业空间方便其操作。

2.有利于减少库存，节约资金

生产现场摆放不要的物品是一种浪费。如果不要的物品不经常清理，原本宽敞的工作场所也将越来越小，为此需要增建各种名目的仓库，甚至要不断扩建厂房；货品杂乱无章地摆放，会增加盘点的难度，甚至使盘点精度大打折扣，成本核算不准确。而通过整理，就会避免因摆放混乱而一时找不到进而重新采购所带来的资金浪费，同时有利于进行库存控制。

3.减少磕碰机会，提高产品质量

现场往往有一些无法使用的工装夹具、量具、机器设备，如果不及时清理，时间长了会使现场变得凌乱不堪。这些地方通常是管理的死角，也是灰尘的堆积场所。如果生产过程对环境洁净度要求较高，那么不够洁净的生产环境将直接影响产品的质量，而通过整理就可以把这一质量影响因素消除。

4.消除管理上的混放、混料等差错事故

未经整理的工作现场，大量的零部件杂乱无章地堆放在一起，会给管理带来难度，很容易造成工作上的差错。通过整理，可以有效清除这些差错所带来的事故。

二、整理的对象

因产品更新换代而不会再使用的工具或物料，放置在橱柜里不易被发现，比如工具和零部件，以及长期在库房不再使用的原材料等，都可以作为整理的对象。

在整理活动中，具体的整理对象按照使用的频率可划分为如图3-3所示的四类。各类物品的具体说明如下：

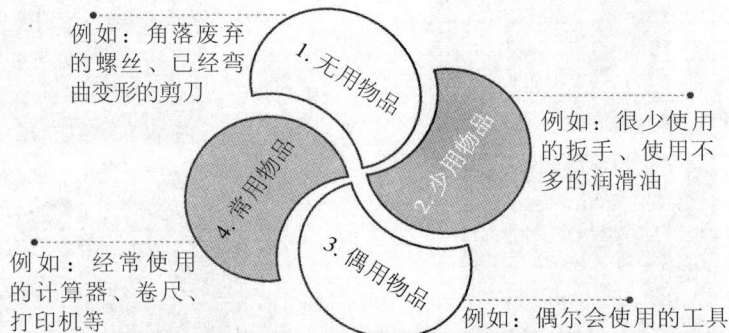

例如：角落废弃的螺丝、已经弯曲变形的剪刀

1.无用物品

2.少用物品

例如：很少使用的扳手、使用不多的润滑油

4.常用物品

例如：经常使用的计算器、卷尺、打印机等

3.偶用物品

例如：偶尔会使用的工具

图3-3　整理的对象分类

（一）无用物品

无用物品就是指不能使用的物品、不打算再使用的物品和长时间不再使用的物品。不能使用的物品是指因损坏或故障不能再起作用的设备、工具和材料等物品；不

打算再使用的物品是指还能使用，但是再也用不到的物品；长时间不再使用的物品是指1年以上时间都没有使用过的物品。

（二）少用物品

少用物品是指在2个月到1年的时间内使用过1次或几次的物品，即很少会使用的物品。

（三）偶用物品

偶用物品是指在1个月到2个月用过1次的物品，即偶尔会使用的物品。

（四）常用物品

常用物品是指每周或每天都会使用1次或数次的物品，即常用物品。

通常，常用物品放在身边，偶用物品放在房间内，少用物品放在仓库，无用物品进行变卖或丢弃。

● 边学边练 ●

在学习了整理的含义和目的之后，试着将寝室内的东西按照整理的4个对象分类，要求每个类型不得少于4个。

任务二 明确整理的标准

一、明确整理的责任人

在整理工作的对象确定之后，则需确定由谁来负责整理工作。由于公司需要进行整理的物品很多，为了高效完成整理工作，可以根据对象的不同分层次地确定相应的整理责任者，如图3-4所示。

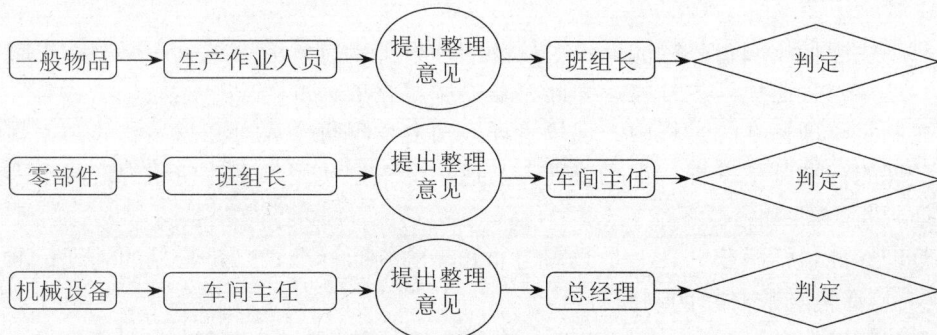

微课3-2

明确整理的标准

59

图3-4 整理的责任人

（一）物品整理判定责任人

整理的物品由于是公司的资产，因此是否进行整理以及物品的具体处理方法都需要相关管理人员根据其权限来进行判定。

（1）一般物品由所在区域员工提出整理建议，班组长进行判定。

（2）零部件由班组长提出整理建议，车间主任进行判定。

（3）由于大的机械设备涉及面广、价值很高，普通的员工无权对其进行整理，因此通常由车间主任提出整理建议，总经理进行判定。

（二）非必需品处理人员

非必需品可以统一由5S推行委员会进行统一处理，也可以设计一个有效的流程，由各个部门对各类物品进行整理。

二、常见的错误想法

企业在整理实施的过程中，很多员工可能会存在什么都是宝的想法。为了使整理工作能够有效实施，员工要打消这种想法，经常进行整理，该扔的就扔掉。

1.这东西虽然没用，但舍不得扔掉

现场存在很多损坏的工具，办公室存在大量用过的纸张，这些没用的东西员工舍不得扔掉，总觉得扔掉可惜，从而造成没用的物品占用了大量的空间。

2.留着可能比较方便

在工作中一两个月才会使用的文件或工具，或半年也使用不到的文件或工具，员工也不舍得对其进行整理，总是要把这些文件或工具都留在身边，总觉得留着可能比较方便，造成工作场所文件或工具一大堆，要用的文件或工具却找不到。

3.万一有用怎么办

某些物品很长时间都用不上了，有的员工在整理过程中还存在某种担心，觉得万一哪天要用怎么办。

4.有总比没有好

工作现场的小零件、旧报纸甚至布条，哪怕几年都没用过，但有的员工仍然不舍得扔掉，觉得留着是对的，有总比没有好。

三、明确整理的判断标准

对工作中使用的工具物品或生产现场的物料等进行分类整理，需按照既定的标准进行，这样才会避免产生分歧，因此企业需制定整理标准。

在制定整理标准的过程中，现场管理人员会发现每个人对必需品和非必需品的判定和处理的标准都不一样，现场管理人员通常会根据使用频率和使用价值两个因素进行整理判断。

整理标准包括两部分：一是必需与非必需的判断标准；二是物品的处理标准。

（一）必需与非必需的判断标准

在整理工作实施之前，现场管理人员需对物品的必需与非必需制定判断标准，以便员工按照标准实施。必需与非必需的判断标准可根据物品的使用频率和使用价值来确定。

（二）物品的处理标准

现场管理人员在判断物品的基础上，还可根据各类物品的使用频率来确定处理方法。如一支笔由于它每天、每周或者每个小时都可能被使用，因此为必需品，即需要的物品。

不同区域和岗位同类物品的使用频率不尽相同，对物品的判断需分区域分岗位进行。物品整理标准具体可参照表3-1。

表3-1 物品整理标准

分类	序号	使用频率	细分	处理标准
非必需品	1	1年内1次也不使用的物品	无用物品	废弃、变卖、改用或维修
	2	2个月到1年的时间内使用过1次或几次的物品	少用物品	归返仓库或工具室
	3	在1到2个月内用过1次或数次的物品	偶用物品	集中放置在工作场所
必需品	4	每周使用1次或数次的物品	常用物品	放在工作范围附近
	5	每天使用1次或数次的物品		放在操作范围内或随身携带
	6	每小时都会使用的物品		随身携带

企业在确定必需品与非必需品的标准之后，须安排人员到现场进行物品的判定，挑出不常用的物品，即非必需品。非必需品诸如用剩的材料、多余的半成品、切下的料头、切屑、垃圾、废品、用完的工具、报废的设备、个人生活用品等，应坚决清理出现场。

判定一个物品是否有用时，有些东西很容易判定，如破烂不堪的座椅和损坏的工具，而有些则很难判定，如一些长期存放的零部件。

在对必需品和非必需品进行判定的过程中，大部分人会觉得太不好判定了，其实现场人员在掌握了判定标准和判定方法之后，就能很好地进行判定，具体方法如图3-5所示。

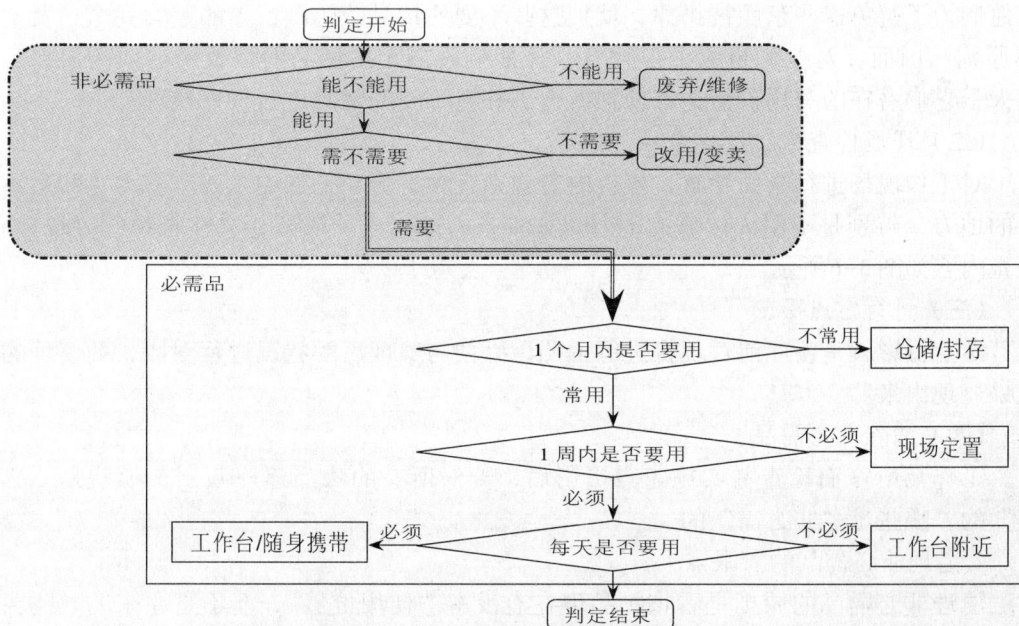

图3-5　必需品和非必需品的判定标准

　　检视自我，思考在日常生活中，你有过哪些关于5S现场管理的错误想法？或者你身边的家人、朋友有没有这样的想法？

任务三　整理的实施步骤和注意事项

一、整理的实施步骤

微课3-3

整理的实施
步骤和注意
事项

（一）做好教育工作

　　坚决扔掉不要物品的目的就是腾出更多的空间来整顿必需品，大大节省寻找物品的时间，提高工作效率。但有些员工打着整理的借口，趁机大肆更新一番，或者有些平时对公司不满的员工就会毫不犹豫地把要与不要的物品全部扔掉，造成意想不到的浪费，他们总认为"反正公司不是我的"，所以在整理之前必须做好教育工作。

　　另外，整理中还有一种阻力，那就是"全部都有用，全部不能扔"，这样的观点常来自工程技术人员。因为他们总认为这些物品不管存放多久，终有一天会用到，所以他们为了避免这些东西被扔掉，就把这些不要的物品藏的藏、盖的盖，完全违背了5S原则，因而，对他们也应加强教育，让他们明白无用物品的摆放所造成的浪费远远大于它们潜在的利用价值，必须把看得到和看不到的物品进行彻底整理。

（二）现场检查

　　对工作现场进行全面检查，检查内容包括各种有形和无形的东西、看得见和看不见的地方，特别是不引人注意的地方，如设备内部、桌子底部、文件柜顶部等位置。检查内容如图3-6所示。

（三）进行定点摄影

　　定点摄影就是整理前对现状进行拍照，以便与整理后的状况进行对比，使整理的效果显现出来。

（四）清除非必需品

　　工作场所全面检查并实施定点摄影后，要对所有的物品逐一判别，哪些是"必需"的，哪些是"非必需"的。

1.清理非必需品的着眼点

　　清理非必需品的原则是看该物品现在有没有"使用价值"，而不是原来的"购买价值"，同时注意以下几点：

62

办公场地（包括现场办公桌区域）

办公室抽屉、文件柜中的文件、书籍、档案、图表、办公桌上的物品、测试品、样品、公告栏、看板、墙上的标语、月历等

01

天花板

导线及配件、蜘蛛网、尘网、单位部门指示牌、照明器具

06

现场检查

地面（特别注意内部、死角）

机器设备、大型工模夹具，不良的半成品、材料，置放于各个角落的合格品、不良品、半成品，油桶、油漆、溶剂、黏结剂，垃圾桶，纸屑、竹签、小部件

02

仓库

原材料、废料、储存架、柜、箱子、标志牌、标签、垫板

05

03

室外

堆在场外的生锈材料，料架、垫板上的未处理品，废品、杂草、扫把、拖把、纸箱

04

工装架

不用的工装、损坏的工装、其他非工装之物品，破布、手套、乙醇等消耗品，工装（箱）

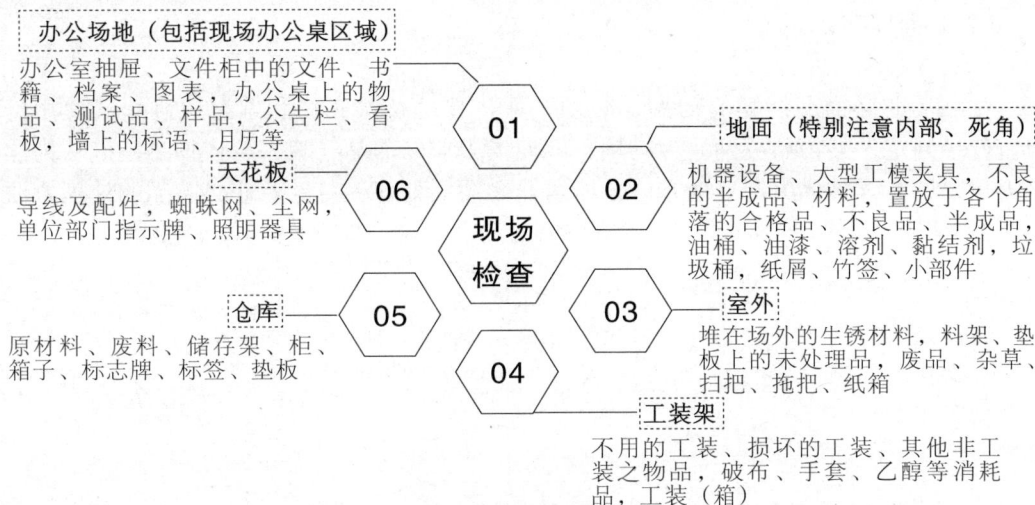

图3-6　现场检查内容

（1）整理前须考虑的事项。考虑为什么要清理以及如何清理；进行整理的日期和规则；在整理前要预先明确现场必须放置的物品；区分要保留的物品和不需要的物品，并向员工说明保留的理由；划定保留物品安置的地点。

（2）对暂时不需要的物品进行整理。当不能确定今后是否还会用到某类物品时，可根据实际情况来决定一个保留期限，先暂时保留一段时间，等过了保留期限，再将其清理出现场。进行认真的研究，判断这些保留的物品是否有保留的价值，并弄清保留的理由。

2.非必需品的判定

判定一个物品是否有用，并没有一个绝对的标准，有时候需要灵活掌握。有些物品是很容易判定的，如破烂不堪的桌椅等，而有些物品判定起来则很困难，如一些零部件等。

（1）非必需品的判定步骤。首先，把那些非必需品摆放在某一个指定场所，并在这些物品上贴上红牌；然后，由指定的判定者对等待判定的物品进行最终判定，决定将其卖掉、挪用、修复或修理等。

（2）非必需品判定者。由于工厂里需要进行判定的对象很多，并且判断难度不一，为了高效地完成判定工作，可以根据物品情况分层次确定相应的判定负责人，如图3-4所示。

非必需品可以统一由5S推行委员会来判定，也可以设计一个有效的判定流程，由各个不同部门对各类物品进行判定。

（3）判定的注意事项。对那些贴有非必需品红牌的物品，要约定判定的期限，判定的拖延将影响5S活动的进行，因此，要迅速对这些物品进行判定，以便后续处理工作的完成；当那些贴有非必需品红牌的物品被判定为有用物的时候，要及时向物品所属部门具体说明判定的依据或理由，并及时进行重新安置和摆放。

（五）处理非必需品

1.处理方法

对贴了非必需品红牌的物品，必须一件一件地核实实物和票据，确认其使用价值。若经判定，某物品被确认为有用，就要揭去非必需品红牌。若该物品被确认为非必需品，则应该具体决定处理方法，填写非必需品处理栏目。对非必需品的处理方法如图3-7所示。

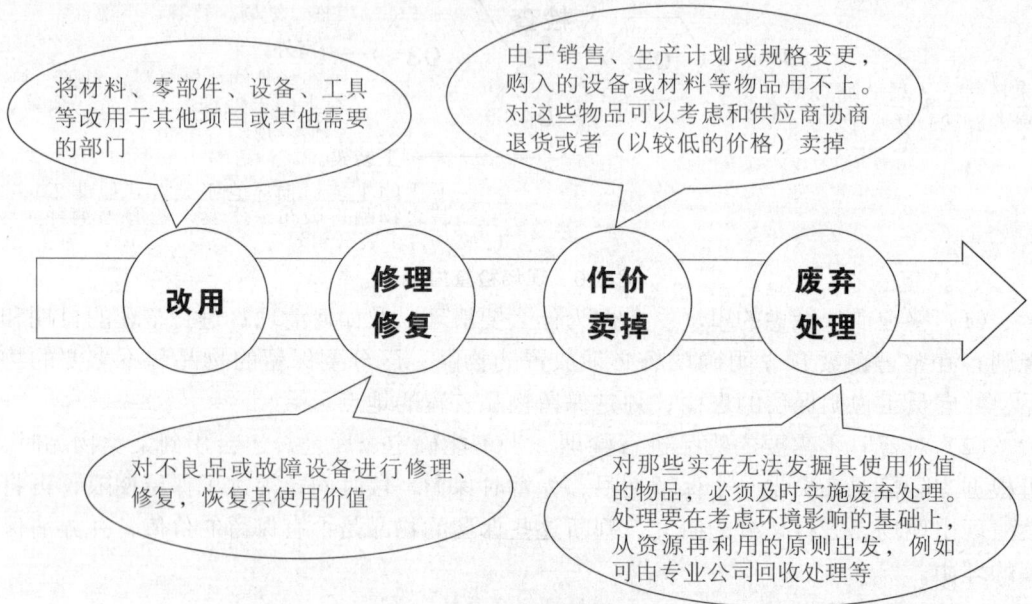

图3-7　非必需品的处理方法

若该物品有使用价值，但可能涉及专利或企业商业机密，应按企业具体规定进行处理。如果该物品只是一般废弃物，在经过分类后可将其出售。若该物品没有使用价值，可根据企业的具体情况进行折价出售，或作为培训员工的工具。

2.处理的注意事项

在对非必需品实施处理的时候，重要的是要下定决心，把该废弃的处理掉，不要犹豫不决，拖延时间，影响5S工作的进程。

对非必需品加以处置是基于对物品使用价值的正确判断，而非当初购买物品的价值费用。一件物品不管当初购买的费用怎样，只要现在是非必需品，没有使用价值，并且在可预见的将来也不会有明确的用途，就应下决心将其处置。

3.建立一套非必需品废弃的程序

为维持整理活动的成果，最好建立一套非必需品废弃的申请、判断、实施及后续管理的程序和机制。建立非必需品废弃的程序是为了给整理工作的实施提供制度上的保证。生产现场许多无用的物品，尤其是大件物品，即使大家都认为是无用的，应该废弃，但都不清楚该如何废弃，只好任由它们摆放在现场。建立非必需品废弃的申请和实施程序，就是制定标准，明确物品废弃的提出、审查、批准和处理办法。

一般来说，非必需品废弃的申请和实施程序一定包括图3-8所示的内容。

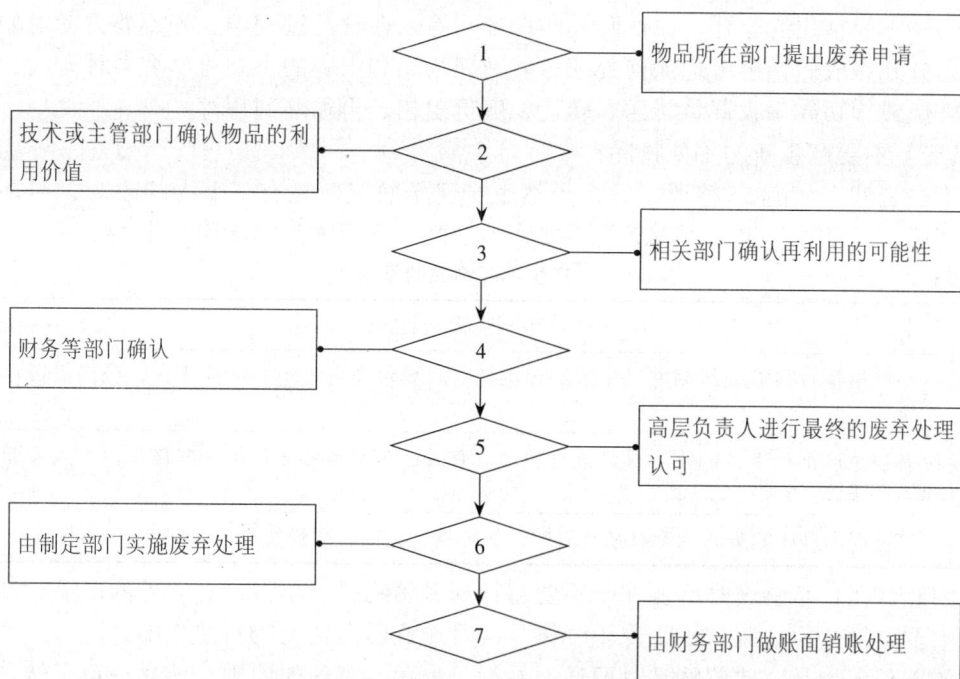

图3-8 非必需品废弃的申请和实施程序

（六）对整理进行检查

整理工作结束后，要对整理进行检查，发现问题要及时发出整改通知，督促改正。

（七）养成每天循环整理的习惯

整理是一个永无止境的过程，因为工作现场每天都在变化，昨天的必需品，今天就有可能是多余的，今天的需求与明天的需求必然也有所不同。整理贵在日日做、时时做，如果只是偶尔突击一下，做做样子，就完全失去了整理的意义。

"寻宝活动"（见本节"拓展阅读"："寻宝活动，整理现场"）是指5S活动整理过程中，找出现场的无用物品，进行彻底整理的一种趣味性的活动。由于是趣味性活动，员工的参与度较高，可以使整理活动在短期内见效。需要注意的是，寻宝活动并不追究责任，这样才能解除员工的顾虑，员工也更愿意参与。

二、整理的注意事项

（一）整理不是扔东西

通过整理，从生产现场清理出来的不要物品，有的只是在本部门无用，但可用于其他的地方；有的是多年库存积压品，但可与供应商进行调换或做退货处理；有的是废弃工装，经过改进之后，可派上新的用场。因此，整理并不是扔东西，即使确实是报废的物品，也应按财务管理方面的规定，办理报废手续，并收回其"残值"。千万不可只图一时痛快，不分青红皂白地把清理出来的物品当作垃圾一扔了之。

在整理过程中，要遵循先"分开"后"处理"的原则。分开是先将要的（必需的）和不要的（用不着的）东西分开，过期的和未过期的分开，好的和坏的分开，经

65

常用的和不经常用的分开，原件和复印件分开等。在分开过程中，先不要去考虑如何处理。分开完成后，再考虑如何处理，处理视物品和内容的不同可以有多种方式，如废弃、烧毁、切碎、收藏、转送、转让、廉价出售、再循环利用等。

（二）不要产生新的不要物品

不少企业在实施5S整理之后，虽然生产现场面貌暂时有了很大的改观，但是一段时间后，又发现产生了不少新的不要物品。产生不要物品的原因见表3-2。

表3-2　　　　　　　　　　**产生不要物品的原因**

序号	产生不要物品的原因
1	没有严格执行限额领料制度，多余的零部件、材料没有办理退料缴库手续，因而滞留在生产现场
2	没有按生产部门下达的生产计划进行生产，有时因为套料多生产的一些部件没有入库而摆在工作现场
3	生产过程中产生的废弃物没有及时清理，如各种包装物、塑料袋等，占据生产空间

因此，在日常整理时，要注意不要超计划多领物料，不生产计划外的产品，制造过程中要进行过程控制，不生产不合格品。对作业后残留的物料要立即清理，生产现场不放置私人物品。放置物品时要遵循平行、直角、直线的原则，使之一目了然。对不能使用的工具和用不上的工具，要整理出现场，办公室内不制作多余的备份文件等。

（三）整理的同时，须做到追源溯流

在整理的同时，还须做到追源溯流，在日本称为"源头行动"，也就是不断追溯，直到找出问题的根源，然后彻底加以解决，不能有"眼不见为净"的思想。通常，企业由于以下原因而产生各种废料、废物。

（1）原辅材料采购量的控制和库存管理不善。

（2）过程控制中计量不准确。

（3）投料过程中的跑、冒、滴、漏。

（4）设备泄漏等。

在现场管理中对上述现象进行根除是非常重要和迫切的，否则就会影响企业的环境，增大企业的成本。所以，在进行整理时，一定要找出废料、废物的源头，从而对其进行彻底的根治。

【拓展阅读】

寻宝活动，整理现场

寻宝活动是专门针对各个场所里的死角、容易被人忽视的地方来进行的整理活动。

一、寻宝活动的游戏规则

寻宝活动要顺利进行，首先要制定游戏规则，打消大家的顾虑，具体的规则如图3-9所示。

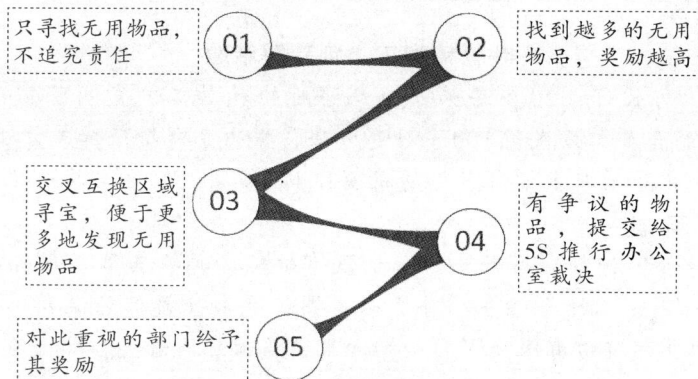

图3-9　寻宝活动的游戏规则

二、寻宝活动实施

实施寻宝活动就是由各个部门按计划清理出对象物品，统一收集摆放到公司指定的场所。待物品集中之后，由5S推行办公室及时召集企业高层和部门管理人员，依据标准对其进行判定，从而确定物品的处理方法。依据判定的结果，指定相关部门实施处理，在处理过程中要做好必要的记录，如对寻宝区域整理责任人进行登记，具体可参照表3-3。

表3-3　　　　　　　　　　　　　　活动记录表

整理区域	区域负责人	区域整理责任人
A办公室		
B办公室		
C仓库		
D仓库		
E车间		
F车间		

三、寻宝活动总结

寻宝活动结束后，要对活动的结果进行必要的总结，按照事先约定的规则，选出优秀的部门和人员，并给予表彰和奖励。

四、注意事项

1.发现的物品不一定都是废弃的物品，所以寻宝人员需要注意对物品进行保护，以免造成损失。

2.可用相机对处理前的物品进行拍照，以记录物品的状态。

●边学边练●

6人为一组，实施寻宝活动，整理现场并做简要记录。

叶轮精加工　创新解难题

人物简介：马长好，20多年如一日从事叶轮精加工，发明了"八点平均找正法"、正反削相结合加工方式等100多种新方法，提出了薄壁套加工方法及工装研究、叶轮锻件尺寸优化等创新方案，参与创新项目400多项。经他手的产品应用于许多大型空气压缩机设备上。

绕着叶轮原件，仔细观察外观，确认没有缺陷，再将其吊装到机床上，测量尺寸、做记号、找正、选择车刀和程序、根据图纸要求安排工艺流程……早上7时20分，沈阳鼓风机集团股份有限公司转子车间里，马长好围着一个叶轮原件忙碌着。

在他面前的，是一个直径1.75米的叶轮，超出机床最大加工直径0.25米。这是他加工过的尺寸最大的叶轮，难题在于安装固定。"这个叶轮直径大，只能卡住工装轴，工装轴特别细，很容易因振动影响精度。"为了解决难题，马长好提前做好了4个圆弧卡块，又做了加长杆用于加固。车削时，他全神贯注地控制机床转速，随时观察调整车刀位置。

在他的操作下，车床启动，车刀与叶轮表面接触，削下一卷卷铁屑，带起一缕缕轻烟，几番车削，叶轮的弧度愈发完美。

马长好是沈鼓集团转子车间的一名数控操作工。他所从事的工作是叶轮精加工。这项工作要求极严，工差要控制在0.02毫米以内；稍有不慎，价值几十万至几百万元的叶轮就可能报废。

2019年，转子车间试点数字化、智能化生产线，每台数控车床前的工位电脑和手机就像一个个资源库，轻点屏幕就能查阅高清晰度的电子图纸。面对屏幕，马长好点击"开工"，生产状况就从"派工中"变成了"加工中"；等车削结束，再点击"完工"，工件就自动进入下一道工序。

为了能熟练操作这套智能系统，马长好专门学习了5S现场管理与实战经验、办公软件培训等线上课程。2022年年初，他又提出了薄壁套加工方法及工装研究、叶轮锻件尺寸优化等创新方案。

"处理智能生产线上的各种难题，离不开操作工人的匠心。"20多年从事与机床相关的工作，马长好有着对智能生产线的独到理解，"车到最精细的位置，还是需要人工操作才能完成。叶轮的角度、切口的设计、材质的硬度，都需要人去感知。"抚摸着加工好的工件，马长好说，要完美加工一个工件，就好比雕琢一件艺术品，需要耐心和细致。

敢于创新、善于创新是马长好一贯坚持的理念之一。在沈鼓集团进行十万空分压缩机产品制造时，由于叶轮外圆倾斜，无法装夹到机床上，马长好根据叶轮角度，自主设计了一套精致的圆弧夹块及角度夹垫工装，成功地解决了难题。通过一套小小的工装，每件叶轮加工成本节约了4万多元。

承担急难险重任务时，马长好时常天未亮就从家里来到车间；看似普通而枯燥的工作，他却乐在其中；他也常常把自己的新技能毫无保留地教给徒弟和工友。在他的带动下，叶轮加工组的整体加工效率几年间提升明显，"没什么秘诀，就是踏踏实实立足岗位，兢兢业业把工作干好。"马长好说。

资料来源 辛阳，刘佳华. 叶轮精加工 创新解难题（工匠绝活）[N]. 人民日报，2023-01-06.节选。

项目小结

通过本项目的学习，我们掌握了整理的具体含义、标准、方法及推进重点。主要内容包括：

（1）整理的含义。通过了解整理的目的和对象，初步理解整理的意义。

（2）明确整理的标准。通过明确整理的责任人，理解常见的关于整理的错误想法，能够更加明确整理的标准。

（3）掌握整理的方法。通过掌握整理的三大判断基准，在实操的指导下进一步练习整理的能力，巩固理论基础。

（4）明确整理的推进重点和整理的注意事项。

项目检测

一、选择题

1.整理的对象包括（ ）。

A.无用物品　　　　　　　　　　B.少用物品

C.偶用物品　　　　　　　　　　D.常用物品

2.企业通常会根据（ ）两个因素进行整理判断。

A.使用频率　　　　　　　　　　B.使用方法

C.使用价值　　　　　　　　　　D.使用场所

3.整理的实施步骤包括（ ）。

A.做好教育工作　　　　　　　　B.现场检查

C.进行定点摄影　　　　　　　　D.整理不是扔东西

E.不要产生新的不要物品

二、判断题

1.整理是指将必需物品与非必需物品区分开，清理非必需物品，在岗位上放置必需物品的活动。　　　　　　　　　　　　　　　　　　　　　　　（ ）

2.企业在整理实施的过程中，员工不应该存在"这东西虽然没用，但舍不得扔掉""留着可能比较方便"等想法。　　　　　　　　　　　　　　　　（ ）

3.整理是一个循环的工作，应根据需要随时进行，不需要的物品留下，需要的马上放在一边。　　　　　　　　　　　　　　　　　　　　　　　（ ）

三、实践训练

请设计一份寝室寻宝活动方案，并进行展示。

整 顿

【学习目标】

＊知识目标

◆ 了解整顿的含义。

◆ 掌握整顿的标准和方法。

◆ 明确整顿的推进重点。

＊技能目标

◆ 具备保持整洁的作业现场的能力。

◆ 能够规范现场物品摆放位置。

◆ 善于合理布局、提高作业效率、整齐准确。

＊素养目标

◆ 厚植规范和效率意识。

◆ 培养良好的工作习惯。

【思维导图】

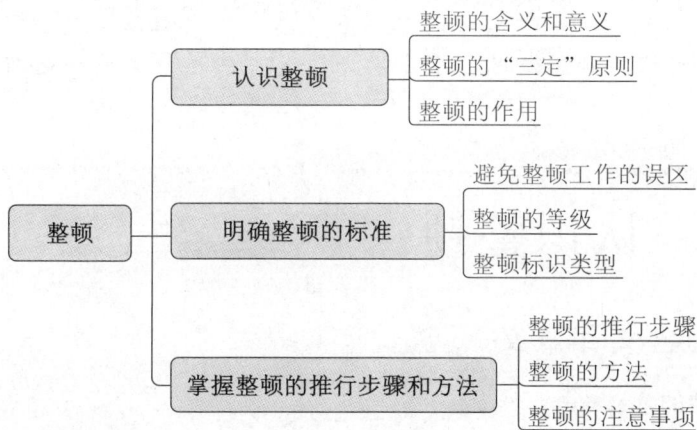

工作场景

某公司的车间内，新来的现场主管习鑫羽正在和一位具有丰富管理经验的现场主管钱晓铭交流现场管理经验，习鑫羽虚心地向钱晓铭请教："钱主管，您知道什么是整顿的'三定'原则吗？"

钱晓铭笑着说："当然知道啊。整顿是5S的重要内容，整顿'三定'是指定位、定品和定量，也就是确定物品的储存位置、标明物品的名称以及确定物品的储存数量。通过'三定'的实施，基本上就实现了整顿的目标。"

习鑫羽："那么，要具体开展整顿工作，应该采取哪些步骤呢？"

钱晓铭指了指车间的某个区域说："要具体开展整顿工作，你需要一步一步地进行。首先需要分析现状、对物品进行分类，然后决定放置场所、确定放置方法，最后进行物品的定位放置和标识。"

习鑫羽："工厂生产现场有很多设备、工具、作业台、配线、配管等，它们形态不同，在具体整顿时，应当注意哪些事项呢？"

钱晓铭："你要根据它们的特点进行整顿，例如在进行设备的整顿时，你要善于使用全格法和直角法两种常用方法，而在进行配线、配管的整顿时，你可以加来套将其集中捆绑起来，避免散乱伤人。"

启示： 在车间实际工作中，对于标准的理解不同会导致不同的结果，为此必须通过明确整顿的标准来梳理工作的标准流程。其中整顿的关键在"三定"，即定位（在何处，场所标志）、定品（何物，品目标志）、定量（几个，数量标志）。安全无小事，5S的第一句口号就是"安全始于整理，终于整理整顿"。整顿是整个5S里面的关键环节，能否把5S做得扎实和深入，很大程度就在于整顿工作。做好了整顿，整个现场的物料流转、生产周期、员工效率、质量和交期都会得到很大的改善。

任务一　认识整顿

一、整顿的含义和意义

（一）整顿的含义

整顿，就是对作业现场整理出来的对工作有用的设备、工具、材料、文件、办公用品等物品依使用类别分类，有序地进行标识和区分，按照工作空间以及工作的实际需要进行合理布局，并且摆放在伸手可及、醒目的地方，以最少的寻找时间及工作量，保证需要时随用随取。这意味着必须将每项物品赋予存放位置、名称及数量。

整顿的具体工作流程如图4-1所示。

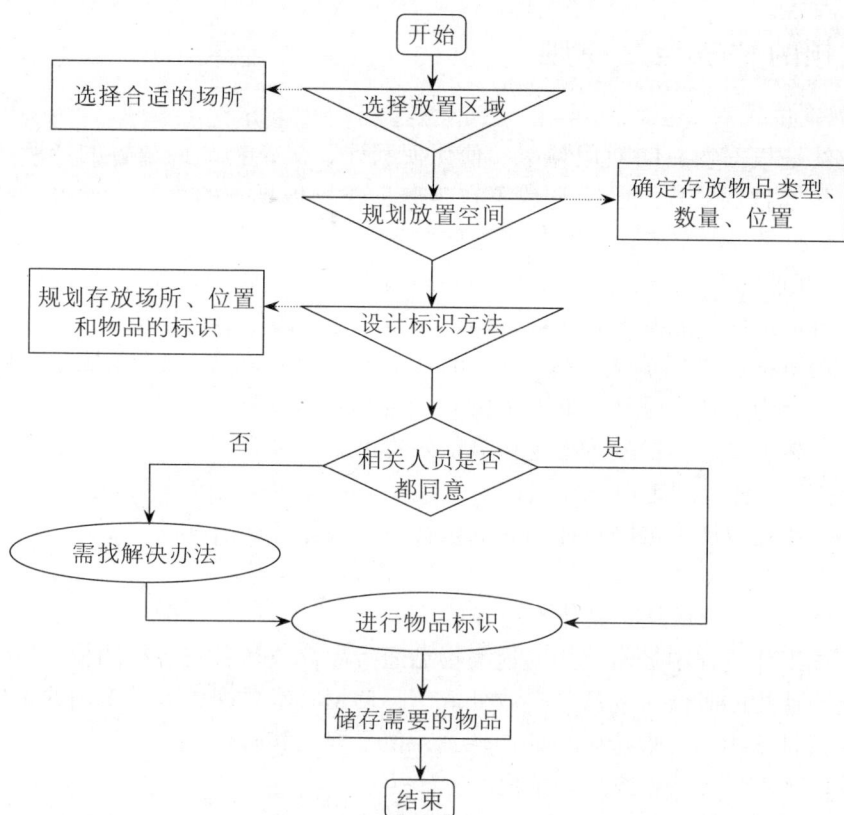

图4-1 整顿的工作流程

（二）整顿的意义

通过整顿可使所有人能立即找到所需要的东西，减少寻找时间上的浪费。工作中往往会出现这样的情况：某一个设备出现了故障，在通知维修人员之后，他花费30分钟找到维修需要的零部件及工具，而维修却只用了5分钟。为什么会发生这样的事情呢？有以下几种可能：

（1）没有定好物品的放置位置，使用时不知道物品在哪。

（2）没有规定该位置放置物品的种类、数量，造成物品过多或过少。

（3）尽管选定好了放置位置，确定好了存放数量，但没对其进行标识。

（4）有人使用物品之后没有归还到指定位置。

上述情况不仅导致物料的杂乱堆放，也会拖慢工作效率，甚至耽误工作进度。为了避免上述情况的发生，企业需对工作场所进行合理的整顿，消除寻找物品时造成的时间浪费。

（三）整顿的要求

（1）工作场所一目了然，即可视化管理。

（2）立即就能找到想用的物品，随时取用、随时还回。

（3）持续监督，检查缺什么和找什么、在用和在库物品，工作秩序井井有条。

73

二、整顿的"三定"原则

(一) 定位

定位就是根据物品的使用频率和使用便利性，决定物品应放置的场所。一般来说，使用频率越低的物品，应该放置在距离工作场地越远的地方。通过对物品的定位，能够维持现场的整齐，从而提高工作效率。

1.定位的要点

（1）将该定位的地方区分为场所标志与编号标志，用颜色标记。

（2）场所标志可用英文字母（A、B、C）或数字（1、2、3）来表示。编号标志以数字表示较为理想，最好由上而下按1、2、3顺序编排。

（3）货架上绝对不要放置指定物品以外的物品。

2.设备和作业台的定位

设备和作业台通常被固定在指定的位置上，除非特殊情况或需要进行区域再规划而进行移动。

3.工具、夹具、量具、文件等的定位

生产或工作过程中经常使用的这类物品通常被存放在各式各样的柜、台、架等固定位置上，使用的时候可以从其存放处取出，使用完毕放回原处。常用的定位方法是形迹法，就是依物品的形状画出外形轮廓，便于取用和归位。

4.原材料、半成品、成品的定位

在生产过程中流动的原材料、半成品以及成品，对于每一个体而言，它们在某一道工序完成后，一般都不再回到原来的摆放位置，因此，须在工序附近设置摆放区域，区域与区域之间用区域线分开，以便这类物品到达时分别摆放。摆放时要做到"先进先出"，保持整齐，物品的边缘线要与区域线平行或垂直。

5.票据、样品等的保管与存放

对一些使用频率很低却又需要保管的重要物品，如财务票据、实物样品等，可以确定一些固定的场所或仓库的一角存放。图4-2为定位示例。

下班前整理好当天的资料、文件、票据，分类归档

桌面电脑定位

桌面电话定位

桌面上明确使用者姓名

图4-2 定位示例

（二）定品

定品的目的是让所有人（包括新员工）一眼就看出放置的物品是什么。其要点如下：

1.物品品目标志清晰

明确放置的物品为何物，取用时起到看板的作用，做到可视范围内一目了然。

2.棚架品目标志清晰

标示放置的是什么物品，同时也要便于轻易地变换位置，不能拿不下来放不回去，出现卡顿现象。如图4-3所示，打开抽屉，能看到所有的物品规范地摆放整齐，标识、滑槽清晰可见，一物一槽，取出物品放回原处时，无法解绑其他位置。

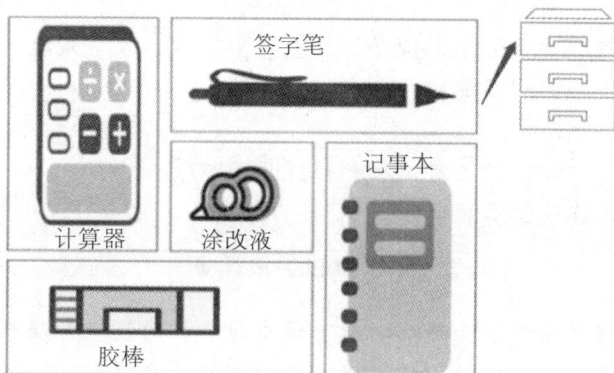

图4-3　定品示例

（三）定量

定量的目的是让库存品能一眼就被看出有多少，不能说"大概……"，而是要很清楚地说出有几个。其实施要点为：

（1）要限制物品放置场所或货架的大小。

（2）要很明确地显示最大库存量及最小库存量。要固化颜色标识，统一标准颜色，让员工一眼就能辨认出，其前提条件就是使用不同颜色进行强制隔离性标识。通常情况下，最大库存量用红色来标示，最小库存量用黄色来标示。

（3）相同容器所装的物品数量应该一致。

（4）一眼就可以说出数量（不用算）。

三、整顿的作用

整顿是整理的延伸，是把整理后需要的人、事、物加以定量和定位。通过整顿能对工作现场需要留下的物品进行科学合理地布置和摆放，以便能最快速地取得所要之物。

在杂乱无序的工作环境中，如果没有做好整理和整顿工作，我们会找不到要使用的物品，造成时间和空间的浪费，还可能造成资源的浪费与短缺，使一些品质优良的物品沦为"废品"，使"废品"堂而皇之地"躺在"重要的位置。

75

（一）没有做好整顿工作会造成的浪费

（1）寻找时间的浪费。

（2）停止和等待的浪费。

（3）认为本部门没有而盲目购买所造成的浪费。

（4）计划变更而产生的浪费。

（5）交货期延迟而产生的浪费。

以上时间、精力和金钱的浪费，都会提高产品或者服务的成本，造成利润下降，损害企业利益。为消除以上浪费就必须加强整顿工作。

（二）做好整顿工作能带来的好处

（1）营造一目了然的现场，就算不是本岗位的人员也能明白相应的要求和做法。

（2）出现异常情况（如丢失、损坏等）能马上发现，及时处理。

（3）提高工作效率，减少浪费和非必需的作业。

（4）缩短寻找时间。

（5）实现标准化作业，使劳动过程与结果规范、统一。

（6）缩短换线、换工装夹具的时间。

●边学边练●

在学习了整顿的作用和原则之后，你觉得学校的寝室管理制度中有没有关于整顿原则的运用？你对于学校寝室的管理有什么建议？

微课4-2

明确整顿的标准

任务二　明确整顿的标准

一、避免整顿工作的误区

（一）把东西隐藏起来还是会找不到

很多时候，企业组织工作现场的整顿工作，员工只是对表面进行了清理和整顿，把不要的东西乱七八糟地放在柜子里锁起来。从表面看起来已经进行了整顿工作，而当员工打开柜门时，里面却是一片狼藉。只是把东西隐藏起来，并没有进行分类整理，当找东西的时候，还是会找不到，浪费大量宝贵的时间，这样的整顿不是真正的整顿。

（二）柜表面、柜内部进行整顿和检查

现场要实施真正的整顿工作，需要对能看得见的柜表面和看不见的柜内部都进行整顿和检查，这样才可以避免遗漏。对整顿工作进行检查的人员也需要对现场进行全面检查，不能放过可以隐藏物品的任何角落。

（三）采用无门的货架和橱柜达到"可视化"

为了避免员工在整顿时只是做表面功夫，企业可在现场采用无门的货架和橱柜，尤其那些笨重的铁皮柜应该尽可能地清除出去，实在要用时，门也应该尽量使用玻璃门。因为门妨碍了"可视化"，不仅会阻挡视线，延长寻找的时间，从而影响员工的工作效率，还会隐藏那些脏乱的东西，降低整顿实施效果。

二、整顿的等级

整顿有四个等级：无水平、初级水平、中级水平、高级水平。图4-4为物品定量标准。

定量标准	示例	说明
无水平	○●●○○ ○○●○○ ●●●●○ ●●●●●	状态不明确，容易造成拿取错误
初级水平	○○○○ ○○●● ●●●● ●●●	整齐排列，便于对物品进行确认
中级水平	○○○○○ ●●●●● ●●●●●	通过标识，使物品摆放数量、区域一目了然
高级水平	○○○○○　→最大库存 ●●●●● ●●●●　→最小库存	通过标识和提示，使物品的数量和如何使用以及方法更加清楚

图4-4　整顿的等级示例

（一）无水平

状态不明确，容易造成拿取错误。

（二）初级水平

整齐排列，便于对物品进行确认。

（三）中级水平

通过一般标识，物品摆放数量、区域一目了然。

77

（四）高级水平

通过标识和提示，使物品的数量和如何使用以及方法更加清楚。

三、整顿标识类型

如图4-5所示，常见的整顿标识有打印纸、喷漆、反光材质、PVC纸、塑料牌、雪弗板。

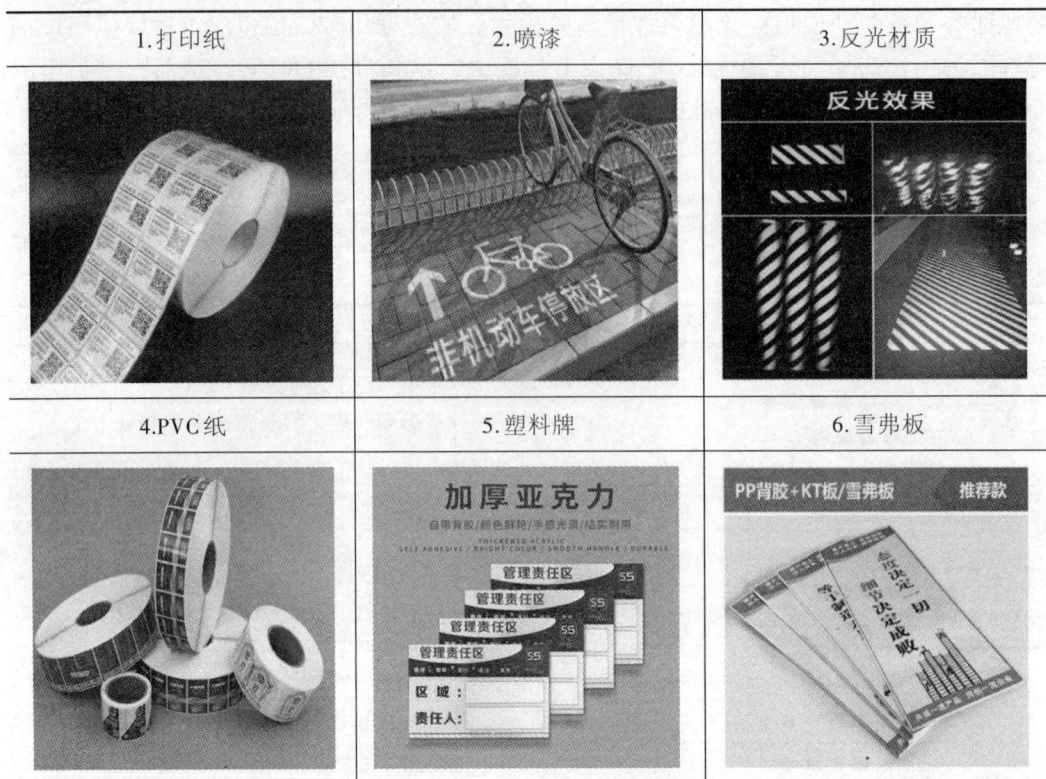

1.打印纸	2.喷漆	3.反光材质
4.PVC纸	5.塑料牌	6.雪弗板

图4-5　整顿标识类型

（一）打印纸

优点：简单方便，一张废纸也能打印，打印塑封后直接粘贴。

缺点：不美观。

（二）喷漆

优点：一劳永逸，一次喷漆，在室内几乎是永久使用。

缺点：要仔细喷，不然有毛边，很难看。

（三）反光材质

优点：晚上灯光一照就能看得非常清楚，材质不错，户外能用3～5年。

缺点：费用不便宜。

（四）PVC纸

优点：用小打印机就可以打印出来，效率高。

缺点：暂无。

（五）塑料牌

优点：一目了然，知道设备的状态，比以往的吊牌好用。

缺点：暂无。

（六）雪弗板

优点：企业车间安全警示，方便快捷，一目了然。

缺点：户外容易自然磨损，户外要用铝板材质。

●边学边练●

对照图4-4，看看你的寝室整顿水平如何？达到了哪一水平？应该如何改进呢？

微课 4-3

任务三　掌握整顿的推行步骤和方法

掌握整顿的推行步骤和方法

一、整顿的推行步骤

（一）分析现状

员工取放物品要花费较长时间的原因，追根究底有以下几个：

（1）不知道物品存放在哪里。

（2）不知道要取的物品叫什么。

（3）物品存放的地点太远。

（4）存放的地点太分散，物品太多，难以找到。

（5）不知道物品是否已用完，或者是否别人正在使用。

归纳起来，员工取放物品要花费较长时间主要是因为对现状没有进行分析，为此在日常工作中必须对必需物品的名称、物品的分类、物品的放置等情况进行规范化的调查分析，找出问题所在，对症下药。在进行分析的时候，需要从物品的名称、分类，还有物品的放置这几个方面进行规范。整顿要注意的问题如图4-6所示。

79

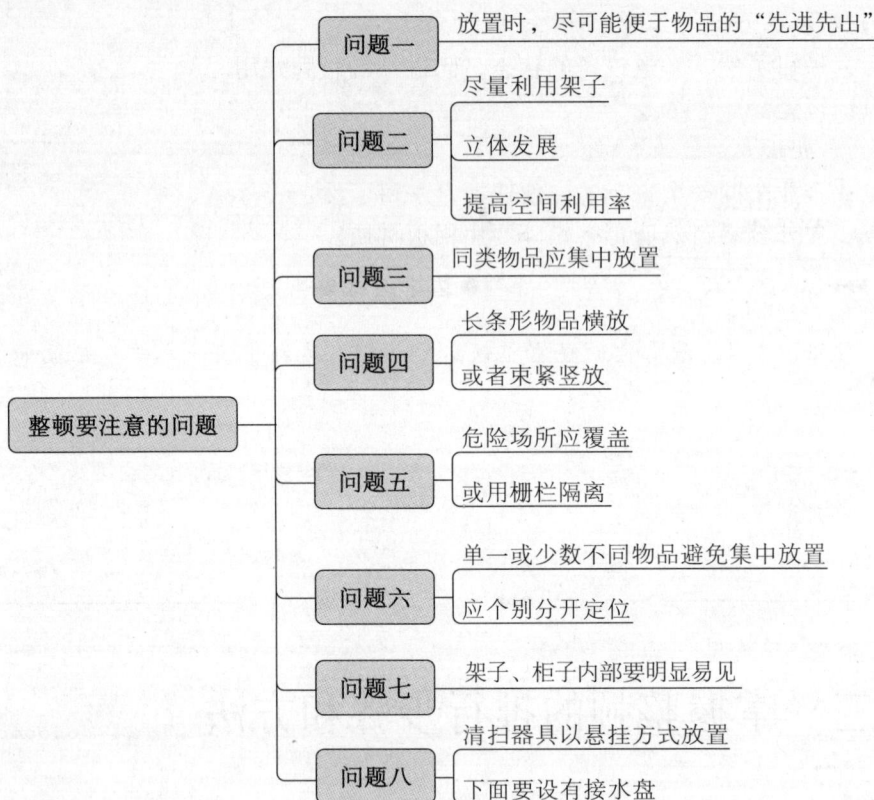

图4-6　整顿要注意的问题

（二）物品分类

在整顿时，要根据物品各自的特征进行分类，把具有相同特点或相同性质的物品划分到同一个类别，并制定标准和规范，确定物品的名称并做好物品名称的标识。表4-1是某仓库储存物品分类表。

表4-1　　　　　　　　　　　　　　某仓库储存物品分类表

类别	火灾危险性的特征	储存物品示例
甲类	1.闪点<28℃的液体	己烷、戊烷、石脑油、环戊烷、二硫化碳、苯、甲苯、甲醇、乙醇、乙醚、乙酸甲酯、醋酸甲酯、硝酸乙酯、汽油、丙酮、丙烯、乙醛、白酒（大于60度）
	2.爆炸下限<10%的气体，以及受到水或空气中水蒸气的作用，能产生爆炸下限<10%气体的固体物质	乙炔、氢、甲烷、乙烯、丙烯、丁二烯、环氧乙烷、水煤气、硫化氢、氯乙烯、液化石油气、电石、碳化铝
	3.常温下能自行分解或在空气中氧化即能导致迅速自燃或爆炸的物质	硝化棉、硝化纤维胶片、喷漆棉、火胶棉、赛璐珞棉、黄磷
	4.常温下受到水或空气中水蒸气的作用能产生可燃气体并引起燃烧或爆炸的物质	金属钾、钠、锂、钙、锶、氢化锂、氢化锂铝、氢化钠

类别	火灾危险性的特征	储存物品示例
甲类	5.遇酸、受热、撞击、摩擦以及遇有机物或硫磺等易燃的无机物，极易引起燃烧或者爆炸的强氧化剂	氯酸钾、氯酸钠、过氧化钾、过氧化钠、硝酸铵
	6.受撞击、摩擦或与氧化剂、有机物接触时能引起燃烧或者爆炸的物质	赤磷、五硫化磷、三硫化磷
乙类	1.60℃≥闪点≥28℃的液体	煤油、松节油、丁烯醇、异戊醇、丁醚、醋酸丁酯、硝酸戊酯、乙酰丙酮、环己胺、溶剂油、冰醋酸、樟脑油、甲酸（蚁酸）
	2.爆炸下限≥10%的气体	氨气、液氯等
	3.不属于甲类的氧化剂	硝酸铜、铬酸、亚硝酸钾、重铬酸钠、铬酸钾、硝酸、硝酸汞、硝酸钴、发烟硫酸、漂白粉
	4.不属于甲类的化学易燃危险固体	硫磺、镁粉、铝粉、赛璐珞板（片）、樟脑、萘、生松香、硝化纤维漆布、硝化纤维色片
	5.助燃气体	氧气、氟气
	6.常温下与空气接触能缓慢氧化，积热不散引起自燃的物品	漆布及其制品、油布及其制品、油纸及其制品、油绸及其制品
丙类	1.闪点≥60℃的液体	动物油、植物油、沥青、蜡、润滑油、机油、重油、闪点≥60℃的柴油、糠醛、白酒（50度至60度）
	2.可燃固体	化学、人造纤维及其织物，纸张，棉、毛、丝麻及其织物，谷物，面粉，天然橡胶及其制品，竹、木及其制品，中药材，电视机，收录机等电子产品，计算机房已录数据的磁盘，冷库中的肉类
丁类	难燃烧物品	自熄性塑料及其制品、酚醛泡沫塑料及其制品、水泥刨花板
戊类	非燃烧物品	钢材、铝材、玻璃及其制品、陶瓷制品、搪瓷制品、不燃气体、玻璃棉、硅酸铝纤维、矿棉、岩棉、陶瓷棉、石膏及其无纸制品、水泥、石、膨胀珍珠岩

（三）决定放置场所

在推行整顿的过程中，应对物品放置的场所进行事先确定。在整顿初期，将整理后所腾出的货架、橱柜、场所等空间进行重新规划使用，将最常用的东西放在最近身边的地方，不常用的东西可另换位置存放。

对于场所的区分，可使用不同颜色的油漆和胶带来加以明确，如白色代表半成品，绿色代表合格品，红色代表不合格品。

在明确场所时应注意以下事项：

（1）通过画线等明确区分通道和作业区域。

（2）考虑搬运的灵活性。

（3）不要的物品要马上进行处理。

（4）不良品箱或不良品区域要明显，如用红色警示。

（5）油、甲苯等不能放于有火花作业的场所。危险物、有机物等应放在特定场所保管。

（6）堆高时要限制高度。物品堆放高度超过一定安全限度时，一般应放于易取用的墙边。

（7）有时将物品放在定位线外是无法避免的，这时就需要竖起"暂放"牌，牌上要标明理由、放至何时等信息。

（四）确定放置方法

明确物品的放置方法也是整顿工作中的一个重要内容，采取的方法必须符合容易拿取的原则。

物品的放置一般有放在架子上、箱子里、塑胶篮中、袋子里及进行悬挂放置等。确定放置方法时要考虑物品的用途、功能、形态、大小、重量、使用频率等因素，尤其要注意取用和放置的方便性。

（五）物品的定位放置

按照确定的储存场所和存放方法，将物品放在该放的地方，不要造成物品的放置不当或东零西落。同时要注意对现场的各定位放置要求进行检查，看是否都有明确的规定，并且要按规定进一步具体地实施对物品的放置。如图4-7所示，在造纸车间，每种规格的纸张都有明确的位置。

图4-7 物品的定位放置

（六）做好标识

做好标识是整顿的最终步骤。明显、清楚的标识能起到方便沟通、减少出错、提高效率的重要作用。整顿的宗旨就是要以最少的时间和精力，达到最高效率、最高的工作质量和最具安全性的工作环境。

物品名称和存放场所一定要标识清楚，这样才能让每个人随时都知道要用的物品在哪里。如果物品正在使用，也应该清楚标明使用者及使用场所，以便紧急使用时能快速找到（如图4-8所示）。

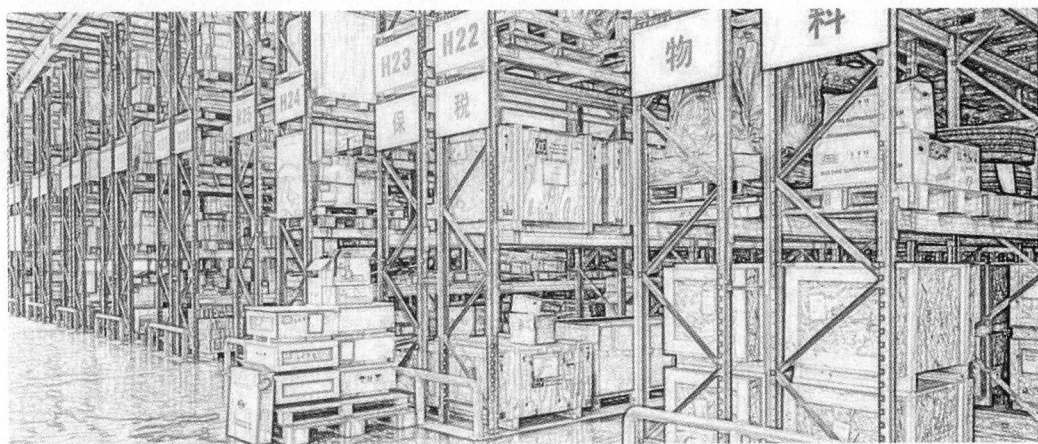

图4-8　物品的标识

二、整顿的方法

整顿要根据作业现场不同的内容进行，主要是对设备、工具、作业台、台车类、配线、配管、物料、清扫用具、危险品、在制品、公告物、仓库等方面进行分门别类排序整顿的过程。整顿的目的就是提高作业效率，能在30秒内找到所需物品。

（一）设备的整顿

1.设备的整顿方法

（1）全格法：依照物体的形状，用线条框起来。如货架、产成品、小型空压机、台车、铲车的定位，一般用黄线或白线将其所在区域框起来。货架和康复机器人产成品的整顿如图4-9所示。

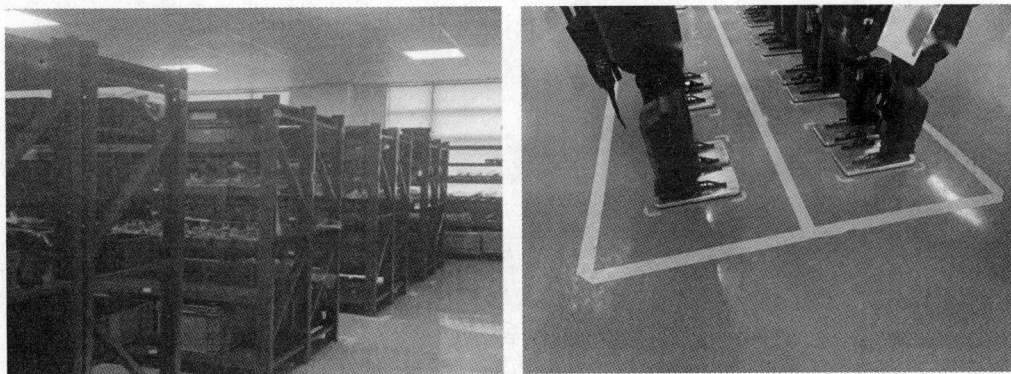

图4-9　全格法示例

（2）直角法：只定出物体的关键角落。如小型工作台、办公桌的定位，可在四角处用油漆画出定位框或用彩色胶带贴出定位放置框（如图4-10所示）。

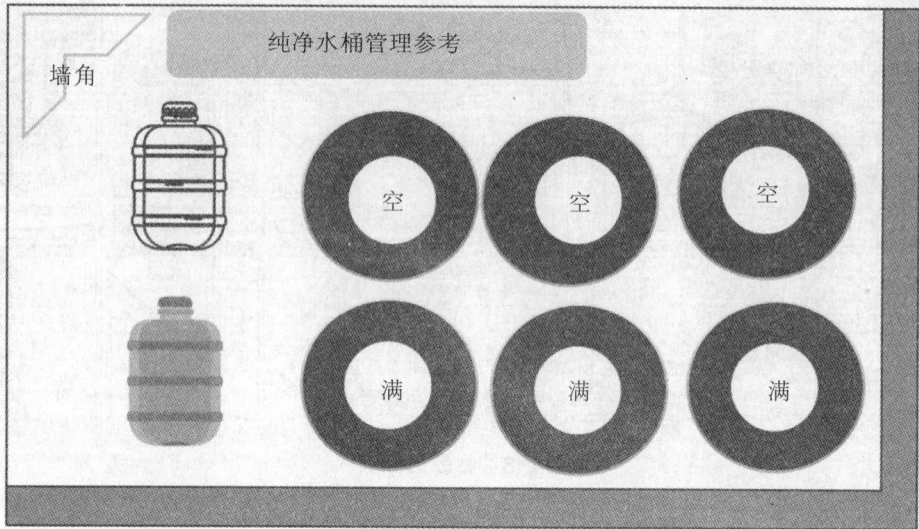

图4-10　直角法示例

2.设备的整顿要领

（1）设备旁必须挂有"设备操作规程""设备操作注意事项"等标示牌（如图4-11所示）。设备的维修保养也应该做好相关记录。这不但能给予员工正确的操作指导，也可让客户对企业树立信心。

液压机安全操作规程

1.作业前，应先清理模具上的各种杂物，擦净液压机杆上的所有污物。

2.装好上下模具对中，调整好模具间隙，不允许单边偏离中心，确认固定好后模具再试压。

3.检查压力是否达到工作压力，设备动作是否正常可靠，有无泄漏现象。

4.对于不同的工件，压装时，应随时调整压机的工作压力和施压液压机、保压次数与时间，并保证不损坏模具和工件。

5.机体压板上下滑动时，严禁将手和头部伸进压板、模具工作部位。

6.严禁在施压同时，对工件进行敲击、拉伸、焊割、压弯、扭曲等作业。

7.液压机周边不得抽烟、焊割、动火，不得存放易燃、易爆物品。做好防火措施。

8.液压机工作完毕，将液压机杆擦试干净，加好润滑油，将模具、工件清理干净，摆放整齐。

善言无瑕集团有限公司

2023年7月21日

图4-11　设备操作规程示例

（2）设备之间的摆放距离不宜太近，近距离摆放虽然可节省空间，却难以清扫和检修，而且会相互影响操作而导致意外。如果空间有限，则应首先考虑是否整理工作做得不够彻底，再考虑物品是否有整顿不合理的地方，由此浪费了许多空间，最好能够再多想一些技巧与方法。

（3）把一些容易相互影响操作的设备与一些不易相互影响操作的设备进行位置调整。如在设备的下面加装滚轮，便可轻松地把它推出来进行清扫和检修（如图4-12所示）。

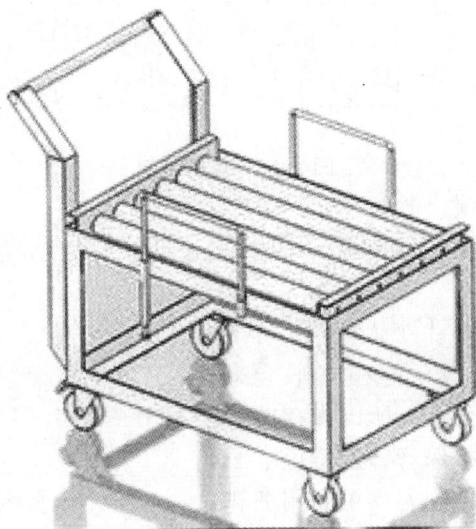

图4-12　设备加装滚轮示例

（二）工具的整顿

1.工装夹具等频繁使用物品的整顿

应重视并遵守使用前能"立即取得"，使用后能"立刻归位"的原则。

（1）应充分考虑能否尽量减少作业工具的种类和数量，使用标准件，将螺钉通用化，以便可以使用同一工具。如：平时使用扳手扭的螺母是否可以改成用手扭的手柄呢？这样就可以节省工具了。或者想想能否兼容多种工具使用的螺母，即使主工具突然坏了，也可用另一把工具暂代使用。又或者把螺母统一化，只需一把工具就可以了。

（2）考虑能否将工具放置在与作业场所最接近的地方，避免取用和归位时过多地步行和弯腰。

（3）在"取用"和"归位"之间，须特别重视"归位"。需要不断地取用、归位的工具，最好采用吊挂式或放置在双手展开的最大极限之内。采用插入式或吊挂式归还原位，也要尽量使插入距离最短，且挂放方便、安全。

（4）要使工具准确归还原位，最好以复印图、颜色、特别记号、嵌入式凹模等方法进行定位。工具最好能够按需要分类管理，如平时使用的锤子、大型铁钳和扳手等工具，可列入常用工具集中使用（如图4-13所示），个人常用的可以随身携带；对于专用工具，则应独立配套。

85

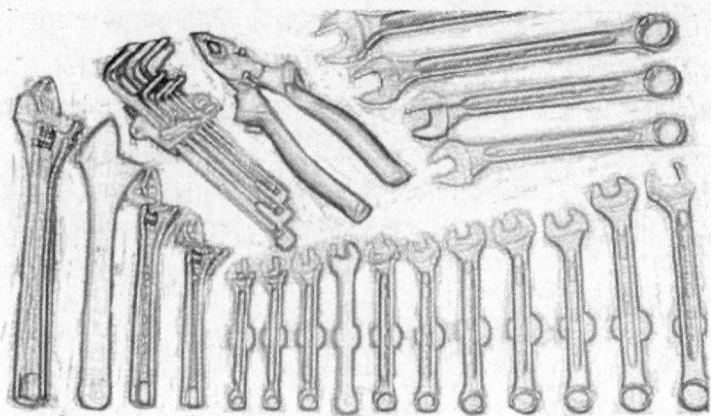

图4-13 定位示例

2.切削工具类的整顿

切削工具类（如各类刀具等），需要重复使用，且搬动时容易发生损坏，在整顿时应格外小心。

（1）经常使用的，应由个人保管；不常用的，则尽量减少数量，以通用化为佳。先确定必需的最少数量，再将多余的收起来集中管理。

（2）刀锋是刀具的生命，所以在存放时要方向一致，以前后方向直放为宜，最好能采用分格保管或波浪板保管，且避免堆压。

（3）一支支或一把把的刀具可利用插孔式的方法，就像蜂巢一样，把每支刀具分别插入与其大小相适应的孔内，这样可以对刀锋加以防护，并且节省存放空间，不会放错位置。

（4）对于一片片的锯片等刀具可分类型、大小、用途等叠挂起来，并勾画形迹，使其易于归位。

（5）注意防锈，抽屉或容器底层铺上易吸油类的绒布。

（三）作业台、台车类的整顿

作业台是实际操作作业的地方，对其进行整顿有利于作业的安全和高效。

（1）要清理多余的作业台及货架。以"必需的台、架留下，其他的丢弃或加以整理"为原则，现场就不会堆积过量的台、架了。

（2）台或架的高度不一致时，可在其下方加垫，将其垫至同一高度。

（3）台或架可加装车轮使之移动方便，并制作能搭载作业必需物品的台车，在换模、换线或零件替换时，可以将台车作整组更换。

（4）台或架等不可直接放置在地面上，应置于架高的地板上，这样比较容易清扫。

（四）配线、配管的整顿

在工作现场可能会有如蜘蛛网般的配线或者杂乱无章的配管，这些情形都可能成为剐破、磨耗的起因以及受伤害或引起故障的根源。要解决这些问题，以下几点可供参考。

（1）可以考虑在地板上将其架高或加束套。

（2）在配线、配管方面采取直线、直角安装，以防松脱。

（3）在地下的配线全部架设在地面上，并垫高脚架，为每一条配线标上名称、编号并利用颜色进行管理，这样可防止错误发生。

（五）物料整顿

1.物料整顿的要点

（1）定量、定位存放。先确定物料的存放位置，再决定工序交接点、生产线和生产线之间的中继点所能允许的标准存量和最高存量，设定标准存量的放置界限，如长、宽、高的限定或占用台车数及面积的限定，并明确标示。

对超出限定量者应看作异常，另行管理，如果超量部分放置在现场当作暂时用品，要将责任者和入库日期标示清楚。当知道物料数量有定期性的增加时，通常仍以个案处理，应随时考虑其库存量的削减及如何将物品减少。

（2）确保先进先出。现场摆放物料的各类周转箱及台车等的边线相互平行或垂直于区域线，要求堆放整齐，便于清点及确保物料先进先出。

（3）搬运、储存要合理。要防止加工中搬运或装箱时的撞击、异品混入等。

（4）不良品要有标示。不良品及返修品要设定放置场所，一般用红色或黄色进行标识，以利于区别。

2.物料整顿的注意事项

（1）备品、备件的整顿。备品、备件的整顿重点：在保管时应保持其处于正确使用的状态，对污秽、伤痕、锈蚀等应明确标识清楚。

（2）润滑油、液压油等油类的整顿。润滑油、液压油等油类物品的整顿要点如下：

① 油的种类要统一，尽量将种类减少。

② 以颜色进行管理，配合油的名称及加油周期，利用颜色或形状，让任何使用者都能轻易分辨使用。

③ 油类集中保管，在生产线附近设置加油站，制定放置场所、数量、容器大小、架子及加油站的补充规定等。

④ 依据加油口的形状装备道具。

⑤ 油类必须考虑到防火、安全等问题，所以要坚决防止漏油以及灰尘、异物的混入。

⑥ 做好改善加油方法及延长加油周期的工作。

（3）消耗品类的整顿。消耗品经常散落在生产线附近。为了防止掉落，可用较小的盒子装，且不要装满，并画上界线。在收存时一定要加封盖，不要混入其他类似零件。如果捡起掉落的零件，也不可再放入原盒子里，应该放入落下物集中盒内，以免发生误用。

弹簧类容易纠缠在一起的东西以及垫圈类不易抓取的东西，还有金属轴承等，均严禁发生破损、变形等。小型物品以模组成套方式装盒比较容易拿取。

对于电气胶带、电线等，要摆放成容易拿取的方式。

（六）清扫用具的整顿

1.放置场所

（1）扫把、拖把，一般感觉较脏，不要放置在显眼处。

（2）清扫用具绝对不可放置在配电房或主要出入口处。

2.放置方法

（1）长柄的如扫把、拖把等，用悬挂方式放置。

（2）簸箕、垃圾桶等在地上定位。

（七）危险品的整顿

1.危险品的存放

危险物品的存放一定要按照危险品的存放要求和标准进行，如某类化学品必须存放在阴凉的地方，又或者某类化学品不能与某类物品一起存放等。相关人员对这些常识都应该了解清楚。

2.张贴、说明等

化学用品的存放处应标明"使用规定""使用方法"以及一些"注意事项"等，附近也应该具备一定的救护措施和张贴一些警示标语。凡是有危险品存放的地方，警告标志就不能少。

3.化学品的标识

化学品的标识应该注明化学品的类型、名称、危险情况及安全措施等。

4.穿戴防护用品

对于一些有毒、有害、有腐蚀性及刺激性的化学用品，接触前必须穿戴好防护衣、手套，以确保安全。因此，防护用品一定要能准确定位，方便拿取。

（八）在制品的整顿

1.确定在制品的数量

确定工序交接点、生产线和生产线之间的中继点所能允许的在制品标准存放量和极限存放量，指定这些标准存放量的放置边界、限高以及占据的台车数、面积等，并做出清晰的标示。

2.在制品的堆放要求

在现场堆放的在制品包括各类载具、搬运车、栈板等，其在堆放时要求始终保持叠放整齐，边线相互平行或垂直于主通道。这样既使现场整齐美观，又便于随时清点，并确保在制品先进先出。

3.合理有效的搬运

（1）放置垫板或容器时应考虑到搬运的方便程度。

（2）利用传送带或有轮子的容器来搬动，例如滚轮式输送带、旋转式传送带等。

4.在制品的品质保护

在制品在存放和移动中，要慎防碰坏刮损，应有缓冲物料作为间隔以防碰撞。堆放时间稍长的要加盖防尘罩，不可将在制品直接放在地板上。

5.不良品放置场地应用红色标示

如果将不良品随意堆放，就容易发生误用，所以要求员工养成习惯，一旦某物品被判定为不良品，应立即将其放置在指定场所。

（九）公告栏的整顿

公告栏是工厂进行宣传以及张贴海报的区域，是宣传5S活动的一种有效、直观的工具。

1.墙壁上的海报、公告栏等

（1）不能随处张贴，要设定张贴区域。

（2）未标示及超过期限的内容不可张贴。

（3）胶带遗留的痕迹一定要擦拭掉。

（4）张贴时尽量做到上端平齐，这样会显得整齐划一。

2.标示看板

（1）垂吊式看板，高度设定要统一。

（2）要固定好，以免晃动或掉落伤及路人。

3.查检表等

标准书、查检表、图画类等必须能够从通道或稍远距离就可看到。

（十）仓库的整顿

仓库的整顿也要以定位、定量、定容来进行，并且遵循以下原则：该不要的就不要，能放多少放多少，定量事先也测量，安全一定要保证。

（十一）定位画线标准

常用的定位画线标准见表4-2。

表4-2　　　　　　　　　　　　常用的定位画线标准

区域	画线项目	画线颜色	线宽（mm）
仓库	仓库主通道	黄色	100
	仓库辅助通道	黄色	50
生产现场	生产现场主通道	黄色	100
	生产现场一般通道	黄色	50
	作业区	绿色	50
	半成品区、成品区	黄色	50
	不合格品区、废品区	红色	50
	工装架、周转车停放区	黄色虚线	50
其他区域	设备、消防设施存放区	黄黑虎纹线	50
	警告警示、危险区域	红色	50
	清扫工具存放区	黄色	50
	小物品定位线	黄色	25
	桌面物品定位线	黄色	10

思考一下，在生活中你见过哪些整顿的方法？拍照分享给班里同学吧。

三、整顿的注意事项

微课4-4

中小企业生产现场定置管理

（一）持之以恒

在开始整顿时，大家都能按规定摆放好每一件物品，但是过了一段时间，情况会发生变化，因此，在开展5S活动中，必须持之以恒，要杜绝"走过场""一阵风"现象，保证制度的延续性和严格性。

（二）注意标志的统一

标志是整顿的最终步骤，标志是物品的身份证。看到标志，就可知道要找的相关物品，因此，相同类别的标志在公司内要尽可能地做到统一。只有自己看得懂、别人看不懂的标志，形同虚设；如果标志做不好，整顿的效果就会大打折扣。例如，常见的警告安全标志如图4-14所示。

图4-14　常见的警告安全标志

90

（三）摆放位置要相对固定

物品摆放要严格按照设定的区、架、层、位的要求进行，不能今天换一个地方，明天又换一个地方。随意摆放不但会造成物品领用困难，增加寻找时间，而且会影响生产周期，使客户产生怨言。同时，如果因没有及时找到物品，而又去重新申请并采购，这样只会增加生产成本。

【拓展阅读】

实施整顿容易出现的误区及解决思路

经过培训，大部分员工了解到原来整顿就是定置定位，就是贴画框框、贴标签，于是一场轰轰烈烈的定置定位大会战开始了。

（一）定置定位误区

现场案例1：A车间大部分生产设备都是罐体，罐体底部有支撑腿。员工实施时，心里想："不是要定置定位吗？只要是个物件，来来来，咱都上个框框圈起来，总没错。"于是，整个车间到处都是方框。

解决思路：推行整顿的第一步，是在整理的基础上，列出需要定置定位的物品清单，并描述这些物品定置定位区域，再去做定置线。否则一个不可移动的物体，不存在被拿走的情况，为什么要定位呢？

（二）标识误区

现场案例2：B车间，车间主任连夜开会："要吸取隔壁A车间的教训，只把可移动的做定置定位，并且，推行方案上写了，定置定位完成后，要有效标识。公司确定了各种标签大小，适用于不同规格物品的定置定位标识，大家分分工，连夜就搞好。"于是，第二天生产经理发现办公室的变化：钟表上贴了"钟表"，白板上贴了"白板"，主控室电话上贴了"电话"，键盘上贴了"键盘"。

解决思路：标识的作用，是告知此定置定位区域放置的是什么，如果物品被拿走了，只剩下了标识，那么证明该物品有人使用，不必再到处乱找。所以，鼠标键盘之类的，定置定位的意义并不大，当然也可以定置定位，可以写这里是水杯放置区、文件盒放置区、文件筐等。电话可以定置定位区域，也可以标识电话放置区，电话上贴个电话号码，更便于工作。临时打电话找人时，可以留言说有空给某某号码回电（厂区太大、设备太多、信号干扰使手机经常没信号，防爆区更不允许员工带手机）。

（三）"三定"标签误区

现场案例3：C车间有员工认为车间里都是瓶瓶罐罐的，不知道怎么标识，决定先都从箱子里掏出来，都贴上标签。于是化验室所有的试剂，都又贴了一遍标签。质量经理说："让你标识清楚，是指你配置好的玻璃瓶溶液，在没有其他标签的情况下咱们做成统一的标签，并且什么溶液就放在什么定置区。分类管理不是把原有的试剂厂家标签覆盖了，贴上自己的标识，那不成三无产品了？"

91

解决思路:"三定"即定点、定位、定容。定点是什么地点放什么,指大的区域;定位则是小区域,就是具体这个位置;定容是要给个容器,这个容器的概念也很宽,一个盒子是个容器,一个杯子是个容器,一个房子也可以是个容器。

（四）"三易"误区

现场案例4:某维修车间配件室,有员工疑惑地问道:"班长,你说咋整呢,咱们零件太多了,放中间这层,这么显眼,不好看啊。"班长说:"来,兄弟们,咱们把这些零碎的,都放顶上这层,领导来检查,谁也不会爬个梯子上去看是不是?咱们把大件整齐地摆中间。"大家呼哧呼哧地加班加点整理完了。完美啊,谁来看都说整齐。结果连续几天维修车间都没完成维修任务,生产经理下来看情况,给维修主任一顿训斥。

解决思路:"三易"就是易取、易放、易管理。最常用的放在最方便的地方,那就是货架的中间层,就像超市一样,卖得好的,永远摆在跟成年人身高相匹配的那两层货架上。笨重的放在底下,不常用的放货架最上面。

整顿的工作总是离不开目视化管理,在制定推行措施之初,定置定位线几厘米宽、几厘米长,道路多宽,人行通道多宽,桌面物品定置线多长,全部按尺寸计划才规范。标签设计方面,从大的标识牌尺寸、材质,到小标签标识,都设定规格。统一的标识管理,有利于公司整体形象的建立。

●边学边练●

6人为一组,实训模拟运用"三定"和"三易"原则管理工厂车间,查找问题,提出解决方案。

中国实践

中核五公司精细化管理年|办公室5S管理优秀案例

1.整理（如图4-15所示）

（1）办公桌台面上只放置与工作相关的物品;

（2）工作中的相关文件、记录分类摆放整齐,填写清楚无误;

（3）办公桌面、地面干净整洁,无纸屑、杂物等;

（4）文件夹明确标识,整齐放置;

（5）标识牌悬挂端正,位置正确;

（6）私人物品放在抽屉里,不得放置贵重物品;

（7）电脑、电器的线路都统一束好,不杂乱无章地悬挂或抛落在地上。

图4-15　办公桌整理示例

2.整顿（如图4-16所示）

（1）标识与实际摆放、实物一致；

（2）文件柜内的物品分类摆放好，顶部不得放置其他物品；

（3）办公椅摆放整齐，不用时推回桌洞；

（4）办公桌面文具、文件摆放整齐有序，电话线理顺不凌乱；

（5）保持通道畅通，不堆放杂物。

图4-16　办公室整顿示例

3.清扫（如图4-17所示）

（1）桌面、地面、门窗无灰尘，无垃圾纸屑等杂物；

（2）清洁用具保持干净，每天下班前将垃圾桶内的垃圾倒掉；

（3）墙角、柜子、电脑底下为重点清扫区，每周清扫一次，保持干净；

（4）传真机、复印机内纸张齐备，并准备废纸箱；

（5）电源、线路、开关、插座没有异常现象出现。

图4-17　办公场所清扫示例

4.清洁（如图4-18所示）

（1）办公室制定值日表，上班前打扫办公室卫生；

（2）上班前对个人办公桌面、座椅等位置进行清扫；

（3）下班前整理好当天的资料、文件、票据，分类归档；

（4）每周五全体办公室人员进行一次大扫除，清理卫生死角；

（5）落实办公室5S检查制度，对办公室5S管理进行定期检查。

图4-18　办公场所清洁示例

5.素养

（1）合理着装；

（2）接听电话或接待来宾时保持礼仪；

（3）上班时间不做与工作无关的事情；

（4）遵守公司各项规章制度。

资料来源　张婧.精细化管理年l办公室5S管理优秀案例［EB/OL］.［2022-09-02］. https：// mp.weixin.qq.com/s/uov69Kx3wFsOuj0FgPRfMw.节选.

项目小结

通过本项目的学习，我们掌握了整顿的具体含义、实施标准、方法及推进重点。主要内容包括：

（1）整顿的含义。通过了解整顿的"三定"原则和作用，初步理解整顿的价值。

（2）明确整顿的标准。通过理解整顿的深层价值，掌握整顿的等级和类型，明确整顿的出发点和应达到的水平。

（3）掌握整顿的方法。通过掌握整顿的推行步骤和方法，在实操的指导下进一步练习整顿的能力，巩固理论基础。

（4）明确整顿的推进重点。通过先进先出管理法的指导，懂得整顿的注意事项，全方位理解整顿的执行，为后续工作培养高素质高技能人才。

项目检测

一、选择题

1.整顿的"三定"原则不包括（　　　　）。

A.定形　　　　　　　B.定位　　　　　　　C.定品　　　　　　　D.定量

2.整顿标识类型包括（　　　　）。

A.打印纸　　　B.喷漆　　　C.反光材质　　　D.PVC纸　　　E.塑料牌

3.整顿的注意事项包括（　　　　）。

A.持之以恒　　　　　　　　　　B.应付检查就可以

C.将所有的物品都贴上标签　　　D.注意标志的统一

E.摆放位置要相对固定

二、判断题

1.整顿，就是对作业现场整理出来的对工作有用的设备、工具、材料、文件、办公用品等物品依使用类别分类，有序地进行标识和区分。　　　　　　（　　　）

2.整顿可以提高工作效率，减少浪费和非必需的作业。　　　　　　（　　　）

3.物品的定位放置是整顿的最终步骤。明显、清楚的标示能起到方便沟通、减少出错、提高效率的重要作用。　　　　　　　　　　　　　　　　　（　　　）

三、实践训练

与同寝室的同学共同开展一个关于整顿寝室的行动，在行动前后进行拍照对比，写出自己的心得体会。

【学习目标】

＊知识目标

◆ 了解清扫的含义。

◆ 明确清扫的标准。

◆ 掌握清扫的方法。

＊技能目标

◆ 能够明确清扫的步骤。

◆ 能够明确清扫方法，遇到不清洁的问题能够追根究底，直到彻底解决。

◆ 能够指出清扫的不足，并且加以改进革新。

◆ 能够达到较高水准的清扫能力。

＊素养目标

◆ 培养强烈的安全意识和主人翁精神。

◆ 厚植打破砂锅问到底的责任心。

◆ 培养爱岗敬业、脚踏实地、埋头苦干、守正笃实、久久为功的心态。

【思维导图】

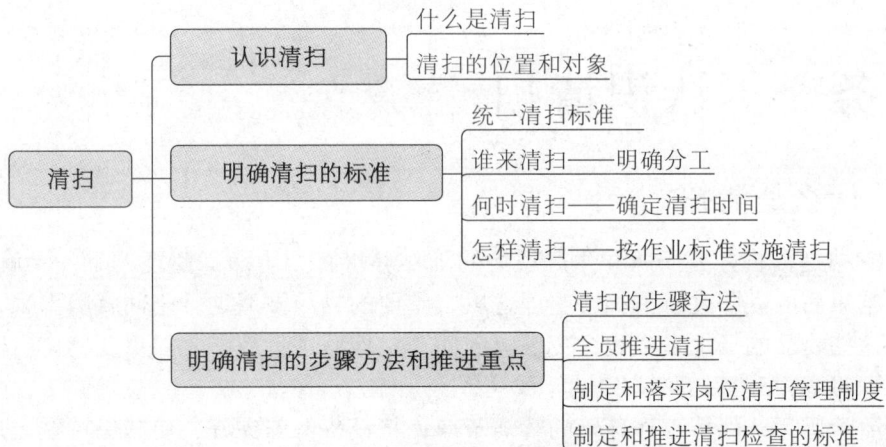

---工作场景---

兰青敏来车间报到，一进车间，就看到工作现场没有及时清扫。黄智勇跑过来说："领导说来了新员工，是你吧，地面有油，小心滑倒啊。"

兰青敏抬起的脚又收了回去，不敢走路了，站在原地，心里七上八下的。"我叫兰青敏，人力资源部给我的文件，让我自己来报到，谁是黄智勇师傅？我找黄师傅。"

黄智勇哈哈大笑："我就是黄智勇，欢迎你，我带你去车床那里看看，这里太乱了。前几天郝班长的腰扭伤了，回家休息了，所以换我来接你。"

兰青敏说："清扫干净不就行了吗？"黄智勇说："哎呀，你看吧，领导来了就搞一次大扫除，领导走了，还是那样，没办法。"

第二天一上班，兰青敏就接到黄智勇微信通知："8点集合，车间请专家来实施清扫培训，不要迟到了。"

培训之后，黄智勇说："小兰，咱俩负责查找地面油渍原因，我就不信了，查不到源头。"

兰青敏跟着黄智勇，顺着油渍地点追踪下去。兰青敏眼尖："黄师傅快看，在这里了，查到滴漏的管子了。"

经过了一周的奋战，车间被打扫得干干净净。兰青敏心情大好，工作效率也提高了不少。休息的时候，他和师傅一起哼起了小曲。

启示：工作中会产生不少灰尘、油污、垃圾等，使现场脏乱不堪，而且脏的工具设备其精度也会下降，影响产品质量，且故障多发，使安全事故防不胜防。因此，为了创造一个干净、舒畅的工作环境，保证安全、愉快、高效率地工作，企业必须实施清扫工作。

任务一　认识清扫

一、什么是清扫

清扫是指将办公场所和生产现场的工作环境打扫干净。整理的下一步就是清扫，整理结束后应立即进行清扫。整理之后，不要的物品被清理，空间就腾出来了。长期保存这些物品的场地多数也会变脏，因此在整理后进行清扫是很重要的。

（一）清扫的目的

清除脏污，保持工作环境的整洁干净；将设备保养完好，使其保持在无垃圾、无灰尘、无脏污、干净整洁的状态，并防止污染的发生。

（二）清扫的原因

工作中会产生不少的灰尘、油污、垃圾等，使现场脏乱不堪。

（三）不清扫的后果

如果不清扫，就会出现5大危害：

1.环境恶化

不进行清扫，作业环境恶化，卫生状况也得不到保障。

2.事故

不进行清扫，安全就不能得到保障；安全事故，防不胜防。

3.投诉

不进行清扫，生产效率低，产品质量下降，投诉不可避免。给客户留下不良印象而导致订单被取消，销售额随之降低。

4.危害健康

不进行清扫，脏乱的生产车间让员工情绪低落，满是灰尘的机床和虫子乱爬的工具箱也会让员工生病，破旧的工具还会导致使用者受伤。

5.故障

不进行清扫，工具设备脏乱，其精度会下降，影响产品质量，也可能产生故障。设备故障或作业速度降低，会导致生产效率降低，成本提高。

这5大危害中的任何一个都会给生产现场带来重大打击。

二、清扫的位置和对象

（一）清扫的位置

实际上，所有地方都应进行清扫，但事有轻重缓急，清扫也不例外。首先要确定清扫的重点位置，合理分配时间，才能收到事半功倍的效果。对于生产型企业来说，生产现场（即车间）是最为重要的，同时也是最容易藏污纳垢的地方。干净整洁的车间环境会给人一种舒适感，让人神清气爽、身心愉悦，员工的工作效率、专注度都会得到提升。

1.生产作业位置

这里集中了生产所需各种资源，如机器设备、材料、工具等，如不定期清扫就会导致摆放混乱、设备供料困难、丢失工具等，这些都将大大降低工作效率。

2.仓库

一个高效率的仓库管理往往花费很少的时间就能完成物料的进出，因此需要定期检查清扫，如过道、货架和车辆通道等。

3.办公室

这里往往都会保存如"出入料单""发票""物流信息单"以及其他的一些纸质材料，放置计算机、打印机等设备。干净整洁的办公环境可降低发生火灾的风险，也会降低丢失、污损材料的概率，因此清扫也显得尤为重要。

（二）清扫的对象

清扫的场所确定下来了，下一步就是确定清扫的对象。比起"确定"，用"明确"这个词可能会更好，因为清扫场所的所有物品都是清扫对象。之前已经说明了，所谓清扫就是将污渍从基准面分离开来，也就是说，基准面就是清扫的对象。在生产现场有很多基准面，并且污渍的种类也很多。视线所及之处都是基准面（等于清扫的对象），地板、设备、操作台、架子、推车、墙壁、天花板、窗户、照明器具等全都需要保持常新的状态。

1.地板

地板上可能会附有灰尘、垃圾、油渍、粉尘、泥土、落叶、沙石、零件、线头等各种各样的污渍，具体污渍因生产内容的不同而不同。理想状态是保持地板洁净，洁净到能够不穿鞋在地板上行走，用白毛巾擦也不会变色。

2.操作台

操作台与地板一样，会附着各种各样的污渍。因为操作台上要放置产品并进行加工、安装或者检查等工序，污渍会直接黏附在产品上面，因此保持操作台的洁净对于保证产品的品质具有重要意义。

3.设备

设备的污渍是造成设备故障的主要原因，因此必须注意清扫。

4.墙壁、玻璃窗、天花板

墙壁、玻璃窗、天花板等处基准面还有很多，在看不见的地方容易堆积垃圾，因此需要特别注意。

●边学边练●

6人为一组，查找附近的生产车间或者其他工作场所，收集该工作场所的清扫问题，提出解决方案。

微课5-2

明确清扫的标准

任务二　明确清扫的标准

一、统一清扫标准

很多企业要求员工将工作场所清扫干净，却没有制定清扫标准和清扫目标。有的员工自我要求高并且也更负责任，他们清扫的区域非常干净；有的员工敷衍了事，觉得清扫得差不多就行了，他们清扫区域的干净程度一般。为什么会出现这样的情况呢？就是因为企业没有制定统一的清扫标准和清扫目标。

（一）制定清扫标准和清扫目标

企业可以向优秀的企业学习，制定清扫标准和清扫目标，张贴在清扫区域，从而规范员工的清扫行为，营造一个干净整洁的工作环境。具体包括：谁来清扫、何时清扫、怎么清扫、清扫什么和用什么工具清扫，最终要清扫到什么样的程度。

（二）清扫的"四要二标"

1.四大要点

（1）天花板：做清扫要从上至下，从天花板开始打扫，这样效率最高，比如如果先清扫地面再擦桌子、墙面，有垃圾掉到地面，地面就白清扫了。

（2）墙面：天花板清扫完之后清扫墙面、窗户。

（3）桌面：天花板、墙面、窗户清扫完后清扫桌面、抽屉。

（4）地面：最后清扫地面、门后死角、柜子后面等看不到的地方。

2.两大标准

（1）消除污染源：如果有一个地方漏脏水，不停地扫水是没有用的，要找到破的水管（污染源）把它修好。生产车间的污染源主要是"跑、冒、滴、漏"等原因造成的。

（2）设备见本色：清扫前脏、黄等，清扫后像新买来的一样，也就是见设备原始的颜色。

目前有很多无尘化、无人化的工厂。无人化的工厂并非真正没有人，而是自动化的程度非常高，工作人员数量很少。无人始于无尘。也就是说，高度自动化的企业若要真正保证无人运转的顺利、稳定，首先就要做到无尘。灰尘虽小，但破坏力很大。机器上有灰尘就会造成氧化，导致生锈，就会腐蚀设备。腐蚀、生锈易造成接口松动、脱落，零部件变形甚至断裂，从而发生故障。清扫就是要让工作岗位及机器设备没有灰尘。因此，在企业里，员工要注意设备的微小变化，细致地维护好设备，为设备创造一个无尘化的使用环境，设备才有可能实现"零故障"。如果设备有灰尘，其故障率自然也会相应提高。

二、谁来清扫——明确分工

（一）分工明确责任

企业对清扫工作进行区域分工，就是实行区域清扫责任制，责任到人。

（1）清扫要做到分工明确，哪些是员工自己负责，哪些是由专人负责，要讲清楚。

（2）办公位置都是由员工自己负责的，公共区域在由员工负责时，通常采用轮岗形式。

（3）公共区域也可以聘用第三方，如物业、保洁公司进行清扫，公司要指派专人进行工作对接、验收，以及后续的维护、监督工作。

具体的实施办法如图5-1所示。

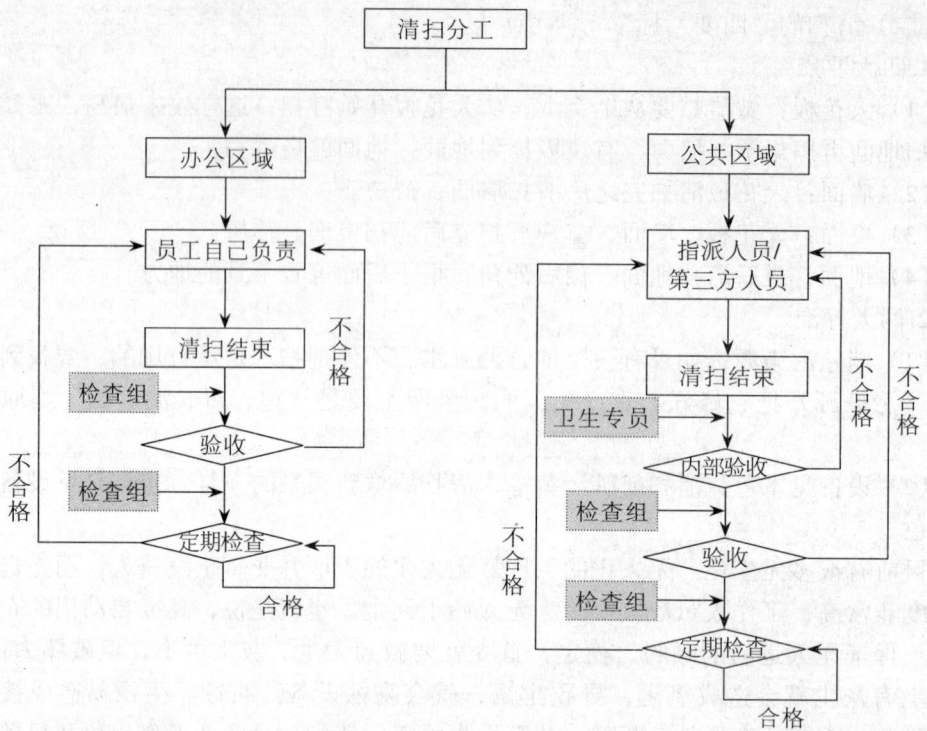

图5-1　清扫分工实施办法

（二）划分责任区和指定责任人

（1）明确清扫分工。企业通过实施清扫区域分工，可保证每个区域都有责任人，每个责任人都有责任区。

（2）明确清扫责任。明确责任人之后，员工将更具有责任感。

（3）明确不清扫的问题责任。在进行清扫工作检查发现脏乱差时，可以立刻找到责任人。

图5-2为善言无瑕集团有限公司清扫区域责任划分示意图。

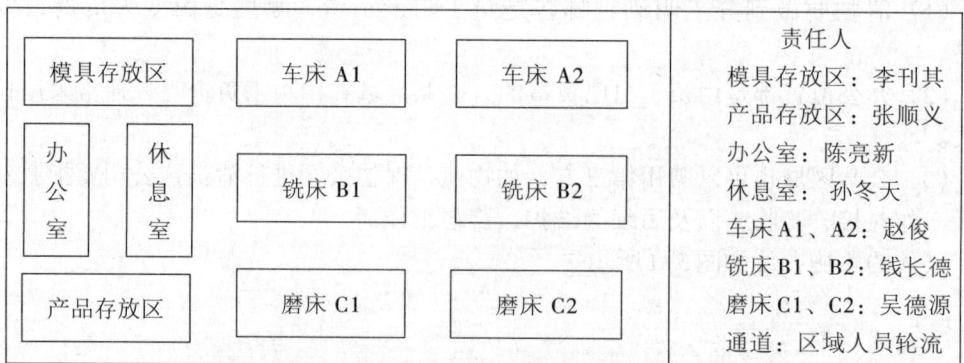

图5-2　善言无瑕集团有限公司清扫区域责任划分示意图

三、何时清扫——确定清扫时间

（一）随时清扫、定期和不定期清扫相结合

（1）清扫的时间大致可分为如下两种：一是定期清扫，在规定的时间必须清扫；二是不定期清扫，没有固定的时间规定，只要污渍达到一定程度就进行清扫。

（2）定期和不定期清扫二者结合起来比较好。在规定的时间进行定期清扫的重要性众所周知，一有污渍就立即清扫非常重要。如果只是定期清扫，意外产生的污渍就被搁置到下次清扫了。

（3）要清醒地认识到，有些情况是等不得的，随时清扫能够防止火灾，保障安全。如果油滴落到地板上，人就容易滑倒，这是十分危险的，如果有火花还可能引起火灾，为了防止出现这些不安全因素，随时清扫是很有必要的。

（二）清扫工作需要注意和强调的事项

（1）清扫工作越早越好，经常保持整洁，清扫也会变得轻松。

（2）养成勤打扫的习惯，不让污渍堆积（定期清扫）。

（3）巧妙地将定期清扫和不定期清扫结合起来，实施"小扫除"。

四、怎样清扫——按作业标准实施清扫

（一）张贴清扫作业标准

为了确保清扫工作达到清扫作业标准，管理人员可将制定的清扫作业标准打印出来张贴在清扫区域，员工在清扫过程中对照清扫作业标准进行，也可在清扫完毕后，逐项检查作业是否全部完成，是否达到作业标准。表5-1至表5-5为清扫作业相关标准示例。

表5-1　　　　　　　　　　　　　　　清扫作业标准表

清扫范围	清扫项目	清扫频率	清扫标准
生产现场	作业台／椅	作业结束后立即清扫	无脏污、粉尘，无材料余渣、碎屑残留在台面上
	货架	每周清扫1次	物料上面无脏污、无粉尘
	通道	上午1次，下午1次	无灰尘、脏污，路面无积水、油污、纸屑和铁屑等
	设备	作业结束后立即清扫	各种标识清晰易辨，设备无脏污、泄漏、破裂
	门窗、天花板	每周清扫1次	无脏污、粉尘
办公室	办公台	上班前清扫1次或下班后清扫1次	物品摆放整齐，无积尘
	地面		无烟头、垃圾，无明显污渍

续表

清扫范围	清扫项目	清扫频率	清扫标准
办公室	门	上班前清扫1次或下班后清扫1次	无明显污渍、水渍
	垃圾桶		及时清理垃圾，更换垃圾袋
	文件、图纸		文件干净、整齐，无污迹
会议室	所有区域	上班前清扫1次或下班后清扫1次，来访或会议开始前及结束后清扫	墙面、桌面和地面无灰尘和污渍，桌椅摆放整齐，室内无异味
楼梯	台阶、走廊	每天1次	无烟头、果皮、纸屑等垃圾
	扶手、消防栓、灭火器、开关	每天1次	无蜘蛛网、积尘、水渍、污迹等
厕所	洗手台、镜子	上午1次，下午1次	无污渍，清洁用品摆放整齐
	便池	2小时1次	便池无异味，无明显污渍
	地面		地面无积水，无垃圾堆积，无烟头、纸屑等
	卫生工具	1天1次	按指定位置悬挂或摆放，保证整齐整洁

表5-2 **设备清扫标准表**

设备构造		清扫内容检查项目	主要措施			
			清理	加油	更换	维修
油压系统	油箱、油泵、控制阀、驱动部	1.加油口有无垃圾灰尘	√			
		2.油量表指示和标准是否最佳		√		
		3.水平表指示和水平仪是否能看清	√			
		4.油箱内底部是否有落脏	√			
		5.油有无被污染			√	
		6.油量是否充分		√		
		7.过滤器是否有落脏	√		√	
		8.泵有无异常声响			√	
		9.泵有无异常发热			√	

设备构造		清扫内容检查项目	主要措施			
			清理	加油	更换	维修
油压系统	油箱、油泵、控制阀、驱动部	10.阀类有无漏油			√	√
		11.管类有无漏油			√	√
		12.油缸类有无漏油			√	√
空压系统	控制阀、驱动部、排气部	13.空气过滤器内有无垃圾灰尘	√			
		14.润滑件内油是否有落脏			√	
		15.润滑件内油标准是否最佳		√		
		16.润滑件内油的滴下数是否良好		√		√
		17.阀类有无漏气			√	√
		18.管类有无漏气			√	√
		19.控制阀有无异常声音			√	√
		20.控制阀的锁定螺丝有无松动				√
		21.气缸中有无漏气			√	√
		22.安装螺丝有无松动				√
		23.排气部有无阻塞			√	√
润滑系统	运动部、翻转部	24.加油口有无垃圾灰尘	√			
		25.油量表指示和标准是否最佳		√		
		26.水平表指示和水平仪是否能看清	√			
		27.油箱内底部是否有落脏	√			
		28.油箱内底部是否被污染				√
		29.油箱和把手处有无漏油			√	√
		30.油量是否充分		√		
		31.油种是否有错			√	
		32.排管有无阻塞			√	√
		33.加油点有无垃圾灰尘	√			
		34.加油工具有无脏污	√			

105

设备构造		清扫内容检查项目	主要措施			
			清理	加油	更换	维修
润滑系统	运动部、翻转部	35.运动部有无垃圾、灰尘	√		√	√
		36.运动部有无凹凸、段差			√	
		37.运动部有无异常声音	√			√
		38.翻转部有无垃圾灰尘	√		√	√
		39.翻转部有无异常声音	√			
		40.各场所固定螺丝有无松动			√	√
		41.皮带链条有无松弛			√	
		42.皮带轮有无异常声音			√	
		43.齿轮有无摩擦			√	
		44.机床等有无擦伤、碰伤			√	
电气系统	控制台、限位开关、配电线、驱动系统	45.指示灯是否有落脏	√			
		46.指示灯的灯光有无断掉			√	
		47.控制箱的门盖有无损坏			√	√
		48.门盖的边缘皮有无损伤			√	√
		49.控制箱内电线有无折叠、剥落、短路等			√	√
		50.接点处有无损伤及落脏			√	√
		51.印刷板有无弯曲、浮起、落脏				√
		52.各处的固定螺丝有无松动				√
		53.NC机器的标贴事项有无落脏	√			
		54.开关类有无垃圾、灰尘	√			
		55.光电管有无垃圾、灰尘	√			
		56.定时器和继电器等有无超过保障期			√	
		57.接地的连接有无松动				√
		58.接地的绝缘是否良好				√

表5-3　　　　　　　　　　　　　　　清扫问题处理表

区域：　　　　　　　　　　　　　　　设备：

序号	部位	清扫问题	发现日期	发现者	处理方法	实施者	处理日期	备注

表5-4　　　　　　　　　　　　　　　清扫区域分工表

清扫区域	清扫位置	清扫频率	负责人	星期一	星期二	星期三	星期四	星期五	星期六	星期日
办公室	办公桌、工作柜、地板、通道、门、窗、墙、空调系统	每天1次	工作人员轮流							
生产现场	工作台、工具、地板、通道、门、窗、墙、机器设备表面、动力管道	每天1次	操作人员轮流							
生产现场	机械设备内部、抽气系统	每周1次	操作人员轮流							
厕所	地板、通道、门、窗、墙	每天1次	清洁人员轮流							
其他	废弃物品存放处	每月1次	专门人员							
其他	公用工具存放处	每周1次	各车间轮流							
其他	公告栏	每周1次	办公室轮流							

表5-5　　　　　　　　　　　　　　　脏乱根源一览表

序号	部门	发生源	困难部位（注）	描述	改善措施	预计费用	改善责任人	预计完成日期	责任人	主管经理

注：困难部位，指难以接触、进入的部位，以及无法或需费时进行操作、调整、清洁、润滑、紧固、点检、专业维护的设备部位。

（二）清扫的基本内容

在清扫作业标准确定之后，员工须按照作业标准，对地板、墙壁、天花板设施、设备等进行清扫。各区域的清扫除了进行垃圾污渍的清理外，还包括对漏水、漏油、漏气以及高温高压等异常情况的处理，清扫的基本内容如图5-3所示。

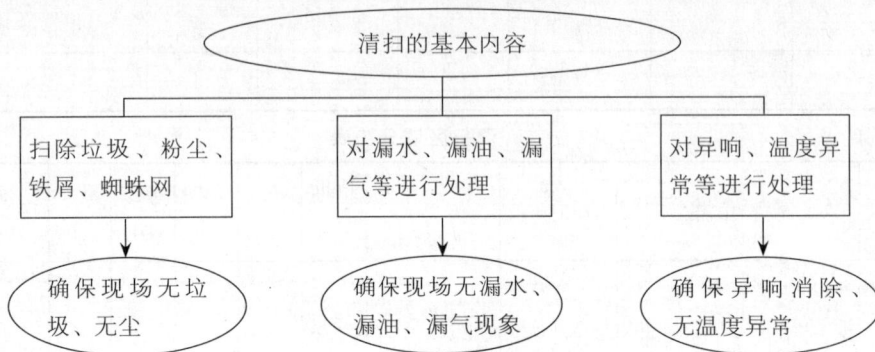

图5-3　清扫的基本内容

微课 5-3

明确清扫的
步骤方法和
推进重点

任务三　明确清扫的步骤方法和推进重点

一、清扫的步骤方法

（一）准备工作

1.安全教育

在进行清扫的准备工作前，要先实施安全知识的教育，对可能发生的事故（包括触电、剐伤、捅伤、扎伤、灼伤、油漆腐蚀等），做好预防培训工作。

2.安全警示

对那些不安全的因素要进行警示，如不能用湿手去触摸电线等。

3.设备教育

通过学习设备的基本构造来了解机器设备及其工作原理，绘制设备简图，对出现尘垢、漏油、漏气、振动、异响等状况的原因进行解析，使员工对设备有一定的了解。

4.作业指导书

通过作业指导书明确清扫工具的选择，清扫的位置，加油润滑、卸装螺丝钉的方法及具体的顺序、步骤等基本要求。

（二）清扫工作岗位

在工作岗位区域内，所有看得到的或看不到的物品与机器设备，都要进行清扫，清扫的目的就是扫除一切垃圾和灰尘。

（三）清扫、检查机器设备

1.保持设备最佳的状态

设备应一尘不染、干干净净，通过清扫要保持设备最佳的状态。

2.辅助设备也要清扫

辅助设备也要清扫，注意跑冒滴漏。例如，分析仪或气管、水槽容易发生跑气、冒烟、滴油或滴水、漏油等，这些部位要重点检查和确认。

3.边清扫边改善

边清扫边改善设备的状态，把设备的清扫与检查、保养润滑结合起来。

4.点检弥补

清扫就是点检，通过清扫把污秽、灰尘，尤其是原材料加工时剩余的那些东西清除掉。这样，磨耗、瑕疵、漏油、松动、裂纹、变形等问题就会彻底地暴露出来，也就可以采取相应的弥补措施，使设备处于完好整洁的状态。

（四）整修

1.发现问题及时处理

对清扫中发现的问题，要及时进行处理。例如，地板凹凸不平，搬运车辆行走在上面会使产品发生摇晃甚至碰撞，导致产品损坏，这样的地板就要及时整修。

2.及时保养

松动的螺栓要马上紧固，补上丢失的螺丝、螺帽等配件，对于那些需要防锈保护、润滑的部位，要按照规定及时地加油或保养。

3.及时更换老化物品

更换老化的或可能破损的水、气、油等各种管道。例如，已经老化或被老鼠咬坏的导线要及时更换。

（五）查明污垢的发生源

污垢主要是由于"跑、冒、滴、漏"等原因造成的，要彻底地解决这个问题就需要查明污垢的发生源。要制定污垢发生源的明细清单，按照计划逐步地去改善，从根源上消除污垢。

（1）跑：仪表变动得特别快，称为"跑"。

（2）冒：冒气、冒油、冒烟，这可能就是线路的故障。

（3）滴：可能是油管或水管出现滴油或滴水的现象。这种情况有外在的和内在的两种原因，外在的可能是天花板滴水，内在的可能是螺丝松动造成的滴水或滴油。

（4）漏：漏油、漏水。

（六）实施区域责任制

实施区域责任制，也称实施安全责任区。清扫工作实行区域责任制，责任到人，不可存在无人管理的死角。如果一个工厂有很多无人理的死角，就难免出现问题。例如，某企业，厕所虽然由清洁工来清扫，但是因为没有落实责任到人，致使很多员工有不满情绪，就拿笔在厕所里乱写乱画，这个就是清扫的死角。这些乱写、乱画的痕迹必然给企业形象造成一些不良影响。

二、全员推进清扫

（一）最高领导要以身作则

如前所述，5S工作的成功，关键之一是领导。如果领导能坚持做下去，员工就会很认真地对待这件事情，单纯靠行政命令很难服众。

（二）统一思想，上下一心

明确清扫任务，企业统一思想，落实措施，才能取得较好的清扫效果。清扫与点检、检查、保养工作要充分地结合，杜绝污染源，最终要建立清扫的基准。

（三）做到人人有责

公司所有的部门、人员，包括公司的高层领导，都应该一起来做好这项工作，明确每个人应负责清洁的区域。分配区域时必须绝对清楚，不能留下无人负责的区域（即死角）。

三、制定和落实岗位清扫管理制度

（一）落实到一岗一制度

针对具体岗位，都应制定相应的制度，确保每个岗位都有遵从的标准。

（二）制度上墙

制度文本也应该张贴在墙上，时时提醒员工按照制度来执行。

（三）制度要与时俱进

制度应该与时俱进，当环境发生变化时，要及时修订。

善言无瑕集团有限公司粉尘岗位清扫管理制度

为保障职工的安全和职业健康，防止职业危险，结合岗位实际，特制定本制度。

1.进入岗位操作前，必须佩戴防尘口罩等岗位所需要的劳动防护用品。

2.进入岗位后要认真检查岗位配置的除尘设施，确认设施无问题后，开启除尘设施，除尘系统应在工艺设备启动前开启，作业停止后停机。

3.如除尘设施出现故障，要及时报告本单位相关领导，安排人员对除尘设施的故障进行维修处理，确保除尘设施的正常运转。

4.对本岗位生产现场产生的各类粉尘，必须采取有效措施进行清理，杜绝扬尘。

5.岗位操作人员必须严格按照操作规程进行操作，对于未严格按操作规程进行操作的人员，一经发现将严格处理。

6.生产和粉尘清理清运期间严禁吸烟。

7.对产生粉尘的车间必须坚持每天清理，每个星期必须对收集的粉尘进行清理，每月清运，并做好登记。

8.墙体、梁、支架、地面和设备等表面积聚的粉尘应及时清扫，从设备和管道中溢出或堵塞的物料应及时清扫，防止粉尘积聚。清扫时，应该避免二次扬尘，不能使用压缩空气吹扫粉尘。

9.离开岗位后，要对身体及衣服上黏附的粉尘进行彻底清理，并及时清洗身体接触粉尘的各个部位，避免将粉尘吸入体内。

10.保持良好的个人卫生习惯，坚持下班洗衣、洗澡等措施，做好职业安全卫生工作。

四、制定和推进清扫检查的标准

彻底清扫之后，要进行清扫检查，通过制定制度将清扫标准化。清扫检查表见表5-6。

表5-6

清扫检查表

序号	检查项目	等级	得分	检查状况
1	通道	一级（差）	0	有纸屑、铁屑及其他杂物
		二级（较差）	1	虽无脏物，但地面不平整
		三级（合格）	2	有水渍、灰尘，不干净
		四级（良好）	3	及时清扫
		五级（优秀）	4	定期修补，地面干净、整洁、光亮
2	作业场所	一级（差）	0	有纸屑、铁屑及其他杂物
		二级（较差）	1	虽无脏物，但地面不平整
		三级（合格）	2	有水渍、灰尘，不干净
		四级（良好）	3	零件、材料、包装存放不妥，掉地上
		五级（优秀）	4	定期修补，地面干净、整洁、光亮
3	办公桌、作业台	一级（差）	0	文件、工具、零件摆放很乱
		二级（较差）	1	桌面、作业台面布满灰尘
		三级（合格）	2	桌面、作业台面虽干净，但破损未修理
		四级（良好）	3	桌面、台面干净整齐
		五级（优秀）	4	除桌面外，椅子及四周均干净明亮
4	窗、墙板、天花板	一级（差）	0	破烂且未进行任何处理
		二级（较差）	1	破烂但已进行简单处理
		三级（合格）	2	乱贴挂不必要的东西
		四级（良好）	3	比较干净
		五级（优秀）	4	干净明亮，令人舒爽
5	设备、工具、仪器	一级（差）	0	有生锈
		二级（较差）	1	虽无生锈，但有油垢
		三级（合格）	2	有轻微灰尘
		四级（良好）	3	保持干净
		五级（优秀）	4	使用中有防止不干净的措施，并随时清理
	合计			

● 边学边练 ●

填写一份公共区域的清扫查核表，见表5-7。

表5-7 公共区域的清扫查核表示例

日期	会议桌	地板	窗户	门柜	灯罩	椅子	奖杯奖牌	画框	黑板	笔	电话	烟缸	纸杯	窗帘	垃圾桶	查核人

附注	1. "○"表示良好，"×"表示不良 2. 发现不良现象，责任人应尽快改进

列一份每日清扫清单，规定例行清扫的内容和具体责任人，见表5-8。

表5-8 每日清扫清单示例

清扫位置	责任人	值日检查内容
电脑区		机器是否干净、无灰尘
作业区		作业台、作业场所是否整齐
计测区		计测器摆放是否整齐，柜面是否保持干净
休息区		地面是否无杂物，休息凳摆放整齐
茶具区		茶具是否干净、摆放整齐
不良区		地面是否无杂物，除不良区无其他零件和杂物
零件规格		柜内零件是否摆放整齐、标识明确
文件柜及其他		文件柜内是否干净，物品摆放整齐

备注：①此表的5S管理由责任人每天实施
②下班前15分钟开始
③其他包括清洁器具、放置柜、门窗玻璃

中 国 实 践

方大炭素组织开展定置管理及5S管理培训

为强化公司5S管理与精益生产的实际应用，不断夯实现场管理基础，持续提升企业精细化管理水平，2023年6月6日，方大炭素组织开展定置管理及5S管理相关知识培训。该公司各单位班组长及科级管理人员等80余人参加培训。

此次培训由该公司人力资源部、安全环保部、生产部联合组织开展。培训讲师从定置管理及5S管理的概念和含义入手，讲解了定置管理及5S管理对建立整洁美观、快捷便利、安全有序的现场工作环境的作用、意义和实行定置管理及5S管理的具体措施方法，并通过一些具体案例介绍了公司各单位推行定置管理及5S管理，有效提升公司现场管理科学化、规范化、标准化水平的相关情况，展示了公司推行定置管理及5S管理的成效。

通过此次培训，参训人员进一步加深了对定置管理及5S管理的认识，大家表示，要切实把企业当成自己的家，抓好本单位定置管理及5S管理工作落实，为进一步营造公司良好的工作环境而不懈努力。

资料来源　杨海艳. 方大炭素组织开展定置管理及5S管理培训［EB/OL］.［2023-06-14］. http://finance.gscn.com.cn/system/2023/06/13/012974310.shtml.

项目小结

本项目知识点和技能点包括：认识清扫、明确清扫的推进重点、明确清扫的标准等内容。通过三个任务的训练，学生掌握清扫不仅仅是打扫，而且是加工工程中的一部分。清扫，除了清除"脏污"，保持工作场所内干净、明亮，还要排除一切干扰正常工作的隐患，防止和杜绝各种污染源的产生。因此，清扫要用心来做，必须人人动手，认真对待，保持良好的习惯。

项目检测

一、选择题

1.如果不清扫，就会出现（　　）危害。

A.环境恶化　　　　B.事故　　　　C.投诉　　　　D.危害健康　　　　E.故障

2.生产现场的清扫位置包括（　　）。

A.生产作业位置　　　B.仓库　　　C.办公室环境　　　D.墙壁、玻璃窗、天花板

3.整修包括（　　）。

A.发现的问题及时整改　　　　　　　　B.及时保养

C.及时更换老化物品　　　　　　　　　D.发现跑冒滴漏可以搁置处理

4.查明污垢的发生源有（　　）。

A.跑：仪表变动得特别快，称为"跑"

B.冒：冒气、冒油、冒烟，这可能就是线路的故障

C.滴：可能是油管或水管出现滴油或滴水

D.漏：漏油、漏水

5.企业可以制定清扫标准和清扫目标，统一标准包括（　　）。

A.谁来清扫——明确分工　　　　　　　B.何时清扫——确定清扫时间

C.请他人清扫　　　　　　　　　　　　D.怎样清扫——按作业标准实施清扫

二、判断题

1.清扫能够创造一个干净、舒畅的工作环境，保证员工身心健康、安全、愉快、高效率地工作。　　　　　　　　　　　　　　　　　　　　　　　　　　（　　）

2.基准面，是指桌子、地板、墙壁、设备、架子、零部件等视线范围内的一切物品。凡是能看得见的地方，都可以是基准面。　　　　　　　　　　　　　（　　）

3.清扫的要点就在于趁着污渍容易剥离的时候将其去除掉。　　　　　（　　）

三、实践训练

6人为一组，共同做一个关于清扫的行动，在行动前后进行拍照对比，写出自己的心得体会。

【学习目标】

＊知识目标

◆ 了解清洁的含义。

◆ 了解清洁的标准和方法。

◆ 明确清洁的推进重点。

＊技能目标

◆ 具备正确进行清洁的方法。

◆ 具备保持清洁的作业现场能力。

◆ 能够清洁作业现场，推进管理现场清洁。

＊素养目标

◆ 培养学生爱岗敬业的品德素质。

◆ 厚植标准意识，培养强烈的企业主人翁责任感。

◆ 强化保持现场管理成果的意识，培养严守标准的理念。

◆ 培养学生精益求精的工匠精神。

【思维导图】

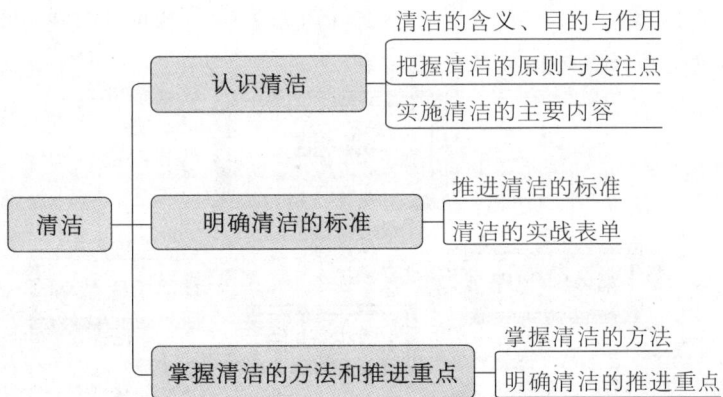

工作场景

愉快的合作

工作场景

东海公司总经理林维杨到厚德敬业公司考察产品,厚德敬业公司总经理钟礼书热情地迎接:"欢迎欢迎。"林维杨:"感谢款待,我想参观一下贵公司车间。"钟礼书:"好的,马上安排,请随我来。"

进入生产车间,林维杨一眼就感受到正在开展的5S管理,尤其是清洁方面很出色,心中的敬意油然而生。这样的环境说明了公司的管理很优秀,自然而然,产品质量也不会差。

林维杨:"很显然,清洁的工作环境会让员工身心愉悦,工作更加富有热情。"钟礼书:"是啊,我们还做得远远不够,请您多多批评指正。"林维杨:"我决定了,马上从你们公司订一批货。"

启示: 清洁是现场维持整理、整顿、清扫所取得成果的可视化呈现。清扫是动词,这里的清洁是名词,指的就是要经常保持服装整洁、车间干净。清洁的目的是提升公司产品的级别或者说品位,提升公司的形象,是一个企业的企业文化建设开始步入正轨的重要步骤。

任务一　认识清洁

一、清洁的含义、目的与作用

微课6-1

认识清洁

（一）清洁的含义

所谓清洁,是指连续、反复不断地进行整理、整顿、清扫活动。清洁,是对前三项活动的坚持和深入,它们的关系如图6-1所示。这一管理手段要求每位员工随时检查和确认自己的工作区域内有无不良现象。

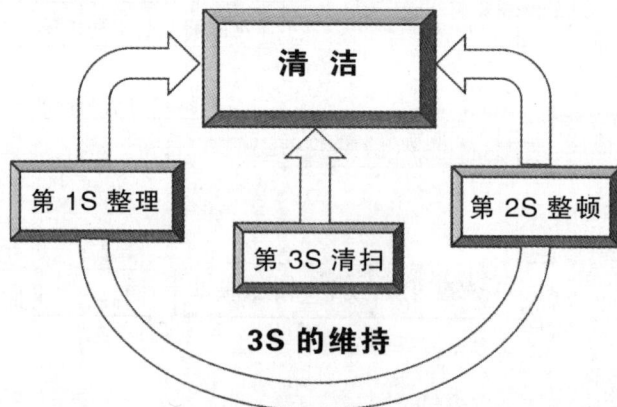

图6-1　清洁与3S关系图

在5S管理过程中,清洁被认为是重复地做好整理、整顿、清扫工作,使其形成制度化、规范化,包含伤害发生的对策及成果的维持。如果将"清洁"的概念运用到工作现场中，就是切实遵守既定的规则，一丝不苟地进行打扫，彻底地清除垃圾，将这些行动持续下去，就是"干脆爽快的行动"。如果全体员工都能参与，其工作现场最终能营造出舒心的工作氛围。

（二）清洁的目的

清洁的主要目的是维持和稳固整理、整顿和清扫的效果，保持生产现场在任何时候都处于整齐、干净的状态，也就是将整理、整顿、清扫活动进行到底，并成为一种制度和习惯。工作环境始终保持清洁、卫生，无污染、无灰尘、无废物，环境优美，会让全体人员感到更舒适。

1.维持洁净的状态

整理、整顿、清扫是动作，清洁是结果。要保持清洁，就要不断地进行整理、整顿和清扫。所以，清洁就是把整理、整顿、清扫的事情持续地、重复地做下去，从而维持洁净的状态。清洁的状态包含检查、监督和改进三个要素。

2.通过制度化来维持成果

通过进一步的整理、整顿、清扫检查，发现3S工作中的不足，认真进行改善。将推行3S好的工作经验予以标准化和制度化，对广大员工进行宣传教育，可以推动5S工作不断地向纵深发展。

3.清洁是标准化的基础

所谓标准，就是"为了在一定范围内获得最佳秩序，经协商一致制定并由公认机构批准，共同使用和重复使用的一种规范性文件"。对整理、整顿、清扫如果不进行标准化，员工就只能按照自己的理解去做，实施的深度就会很有限，就只是扫扫地、擦擦灰、物品摆放整齐一点等。要想彻底地解决现场管理混乱的问题，就应该重视作业的标准化工作，以维持整理、整顿、清扫工作的必要实施标准，避免由于作业方法不正确导致的工作效率过低和可能引起的设备和人身安全事故。

4.企业文化开始形成

清洁，是一个企业的文化建设开始步入正轨的重要步骤。

企业文化是现代企业的一种管理思想和管理模式，体现企业及其员工的价值准则、经营哲学、行为规范、共同信念，是全体员工共同遵守的准则，并通过员工的行为表现出来。通过5S管理，给企业文化建设注入新的内涵：一是有利于企业核心竞争力的形成。企业的发展离不开核心竞争力，而核心竞争力来源于员工队伍的整体素质。在5S管理的影响下，员工参加各种培训，使技术素质、管理素质得到提升。二是有利于团队精神的培育。通过5S管理，企业的知名度和美誉度得以提升，管理文化方面的创新和员工行为的规范化，进一步塑造了良好的企业形象，增强了员工对企业和工作的忠诚度和信赖感，有利于团队精神的培育。三是有利于塑造知名品牌形象，为顾客提供直观、可信赖的产品。5S带来的规范化、制度化、标准化的工作方式，为稳定生产、提高产品质量打下坚实的基础。

（三）清洁的作用

1.维持作用

清洁能够将整理、整顿、清扫后取得的良好成果维持下去，成为企业内必须人人严格遵守的固定的制度。

2.改善作用

对已取得的良好成果，不断地进行改善，使之达到更高的境界。

"清洁"与前面所述的整理、整顿、清扫不同，前三者是行动，清洁并不是"表面行动"，而是表示"结果"的状态。它当然与整理、整顿有关，但与清扫的关系最为密切。为机器设备清除油垢、尘埃，谓之清扫，而"长期保持"这种状态就是"清洁"，设法找出设备"漏水""漏油"的原因，彻底解决问题，这也是"清洁"，是根除不良现象和脏乱的源头。因此，"清洁"要求员工具有"追根究底"的科学精神，要从小事做起，创造一个无污染、无垃圾的工作环境。

二、把握清洁的原则与关注点

（一）清洁三原则

坚持"三不要"原则，具体如下：

（1）不要放置不用的东西。

（2）不要弄乱。

（3）不要弄脏。

不仅物品需要清洁，现场员工同样需要清洁，员工不仅要做到身体上的清洁，而且要做到精神上的清洁。

（二）清洁关注点

不能单纯从字面上理解"清洁"，它是对前三项活动的坚持和深入，从而消除产生安全事故的隐患，创造一个良好的工作环境，使员工能愉快地工作。这对企业提高生产效率、改善整体的绩效有很大的帮助。

1.清洁活动实施时需要秉持：

（1）只有在清洁的工作场所才能高效率地生产出高品质的产品。

（2）清洁是一种用心的行动，千万不要只在表面上下功夫。

（3）清洁是一种随时随地的工作，而不仅仅是上下班前后的工作。

2.清洁要取得成效还要做到：

（1）制度化。

（2）定期检查。

（3）坚持始终如一。

通过制度化，可以使整理、整顿、清扫工作自始至终、持之以恒；通过定期检查，可以发现存在的问题，实现持续改进，组织才能不断创新发展。

三、实施清洁的主要内容

如前所述，清洁就是对整理、整顿、清扫后的状态进行保持，即保持工作场所没有污物，非常干净整洁的状态。把整理、整顿、清扫贯彻到底，也就是做到标准化、规范化，即清洁。

（一）3S活动前的准备

（1）确定改善目标。

（2）组织3S培训。

（3）责任区域的划分。

（二）实施涉及的具体内容

（1）要与不要物品的区分。

（2）常用品与偶用品的区分。

（3）物品定置。

（4）日常清扫。

（三）效果评价及点检

（1）现场点检。

（2）目视看板。

（3）班组评比。

（4）优秀表彰。

● 边学边练 ●

体会"清洁"与前面所述的整理、整顿、清扫这三个S之间的关系，说说你的感想。

微课6-2

明确清洁的
标准

任务二 明确清洁的标准

企业为了使工作场所能够达到清洁的状态，首先需定期开展整理、整顿、清扫活动。要落实3S的实施工作，就需要制定3S检查表，以便进行检查。当有员工违反标准时，企业需要及时对其进行处罚，如果没有及时给予处罚，那么后续的人员也将不遵守标准和规定。企业制定3S检查表的基本标准是检查现场是否干净、整洁、高效。同时对于不同的区域，检查表具体包括的内容也不相同，仓库区域的检查表需要包括物品是否定量定位放置，生产现场区域的检查表需要包括设备的日常点检的内容，办公室的检查表需要包括桌面是否有未处理的文件、文件是否整齐放置等。只有明确清洁的标准，才能创建清洁的现场。

119

一、推进清洁的标准

（一）检查有哪些不要的东西（整理）

1.不要物品的检查点

实施3S之后，员工应检查身边是否有不要的东西，并做好相关记录，记录可采用表格的形式。整理检查表示例见表6-1。

表6-1　　　　　　　　　　　　　　　**整理检查表示例**

部门：　　　　　　检查者：　　　　　　　　　　日期：　　年　　月　　日

序号	检查点	检查		对策
		是	否	（完成日期）
1	放置场所有无不用的东西			
2	通道上是否放置不用的东西			
3	有无不用的机械			
4	栏架上下有无不用的东西			
5	机械周围有无不用的东西			
⋮				

2.将废弃物品编制一览表并处理

对废弃物品要编制一览表进行处理，其原则为：库存与设备和空间是公司的资产，个人不能任意处分；编制废弃库存品一览表、废弃设备一览表和废弃空间一览表（见表6-2至表6-4），一定要全数显示，与财务部责任人协商后处理。

表6-2　　　　　　　　　　　　　　**废弃库存品一览表**

部门：　　　　　　检查者：　　　　　　　　　　日期：　　年　　月　　日

序号	品名	规格	数量	单位	金额	废弃品区分	价格	备注

表6-3 **废弃设备一览表**

部门： 检查者： 日期： 年 月 日

序号	设备名	设备区分	资产号	数量	单价	金额	设备日期	累计折旧	账册	设备场所	备注

表6-4 **废弃空间一览表**

部门： 检查者： 日期： 年 月 日

序号	地点	管理责任人	面积（m²）	使用预定	备注

（二）检查物品的放置方法（整顿）

1.将废弃物品编制一览表并处理

首先需要明确物品放置方法的检查点，并做好检查记录。整顿检查表示例见表6-5。

表6-5 **整顿检查表示例**

部门： 检查者： 日期： 年 月 日

序号	检查点	检查		对策（完成日期）
		是	否	
1	制品放置场所是否显得凌乱			
2	装配品放置场所是否做好"三定"（即定位、定品、定量）			
3	零件、材料放置场所是否做好"三定"（即定位、定品、定量）			
4	划区界线是否已完成80%以上			
5	工具的存放是否以开放的形式来处理			

部门：		检查者：	日期：	年	月	日
6		工具是否显得凌乱				
7		模具放置是否一目了然				
⋮						

2.列出整顿鉴定表

员工对自己负责的工作场所进行再次检查，有30个以上"否"的项目时，则再进行整理。整顿鉴定表的主要项目有部门（填入整顿对象的部门或工程名）、检查者（填入检查者的姓名）、分类（将整顿的项目进行分类）、检查点（整顿对象的着眼点）、检查（检查者在现场巡视的同时做检查，"是"——做到，"否"——没做到，必须采取对策处理）、对策和完成日期（针对检查中"否"的场合，提出对策或改善方案，将其填入改善栏内）。整顿鉴定表示例见表6-6。

表6-6   整顿鉴定表示例

部门：		检查者：		日期：	年	月	日
分类	序号	检查点	检查		对策		
			是	否	（完成日期）		
库存品	1	置物场有无"三定"揭示看板					
	2	是否一眼就能看出定量标识物品放置方法					
	3	是否呈水平、垂直、直角、平行状态					
	4	置物场有无立体化的余地					
	5	是否能够"先进先出"					
	6	为防止物品间发生碰撞，是否有缓冲材料或隔板					
	7	是否能防止灰尘进入物品					
	8	是否直立摆放在地面上					
	9	不良品的保管是否有特定置物场					
	10	有无不良品放置的看板					
	11	不良品是否容易看见					
	12	有无不良品的放置场所					

| 分类 | 序号 | 检查点 | 检查 | | 对策 |
			是	否	（完成日期）
工用具	13	放置场所是否有"三定"看板			
	14	工用具本身是否贴上名称或代码			
	15	使用频率高的工用具是否放置在作业场所附近			
	16	是否依制品的类别来处理			
	17	是否依作业程序来决定放置方式			
	18	工用具在作业揭示书中有无指定场所			
	19	工用具是否凌乱，能否在当场看出来			
	20	工用具显得凌乱，能否当场予以处理			
	21	工用具能否依通用化而将其减少			
	22	工用具能否代替手段而将其减少			
	23	是否考虑归位的方便性			
	24	是否在使用场所的10厘米以内规定放置处			
	25	是否放置在10步以外			
	26	放置方法是否恰当，保证不弯腰就可以拿到			
	27	是否能吊起来			
	28	即使不用眼睛看，是否也能大概地归位放好			
	29	目标尺寸范围是否很广			
	30	能否交替更换工用具			
	31	是否依外观整顿			
	32	是否依颜色整顿			
刀具	33	使用频率高的刀具是否放置在身边			
	34	使用频率低的刀具是否可以共同使用			
	35	能否以制品组合方式处理			
	36	有无采取防止碰撞的对策			
	37	抽屉有无使用波浪板			
	38	抽屉是否采用纵方向整理			

123

续表

分类	序号	检查点	检查		对策
			是	否	（完成日期）
刀具	39	研削砥石是否堆积放置			
	40	有无采取刀具的防锈对策			
计量器具	41	放置场所是否有防止灰尘或污物的措施			
	42	计量器具放置场所是否有"三定"处理			
	43	是否知道计重器具的有效使用期限			
	44	微米量尺、转动量尺是否放置在不震动处			
	45	有无垫避震材料			
	46	方量规、螺丝量规是否有防碰撞措施			
	47	测试单、直角尺有无吊挂，以防止变形			
油品	48	是否做油罐→给油具→注油口的色别整顿			
	49	是否做油品种类汇总			
	50	在油品放置处是否有"三定"看板			
安全	51	通道有无放置物品			
	52	板材等长方形物品是否直立放置			
	53	对易倒的物品有无设置支撑物			
	54	物品的堆积方式是否容易倒塌			
	55	是否把物品堆积得很高			
	56	回转部分是否用盖子盖上			
	57	危险标识是否做得清楚醒目			
	58	危险区域是否做得清楚醒目			
	59	消防灭火器的标识是否从任意角度都能看见			
	60	消防灭火器的放置方式是否正确			
	61	水槽、消防栓的前面是否堆置物品			
	62	交叉路口有无暂停记号			
综合结论					

124

（三）清除灰尘、垃圾的检查点（清扫）

1.清扫的检查点

用手抹抹窗框，就大致可以知道工作场所的清扫程度，也可以采用白手套检查法。消除灰尘、垃圾检查表示例见表6-7。

表6-7　　　　　　　　　　消除灰尘、垃圾检查表示例

部门：　　　　　　　检查者：　　　　　　　　日期：　年　月　日

序号	检查点	检查		对策（完成日期）
		是	否	
1	制品仓库里的物品或棚架上是否沾有灰尘			
2	零件材料或棚架上是否沾有灰尘			
3	机器上是否沾满油污或灰尘			
4	机器周围是否飞散着碎屑或油滴			
5	通道或地板是否清洁			
6	是否执行油漆作战			
7	机器周围是否有碎屑或铁片			
⋮				

2.填写清扫检查表

"清扫检查表"的用途是列出库存、设备、空间的有关事项及清扫时的检查点。其主要项目包括部门（填入检查对象的部门或工程名）、检查者（填入检查者的姓名）、分类（清扫对象的类别）、检查点（与清扫有关的检查要点）、检查（检查者一边现场巡视一边进行检查，"是"——做到，"否"——没做到，必须采取对策处理）、对策和完成日期（对检查中"否"的场合，要明确记载对策与完成日期）。清扫检查表示例见表6-8。

125

表6-8   清扫检查表示例

部门：   检查者：   日期：   年   月   日

分类	序号	检查点	检查		对策
			是	否	（完成日期）
库存品	1	是否清除与制品或零件、材料有关的碎屑或灰尘			
	2	是否清除切削或洗净后的零件所产生的污锈			
	3	是否清除库存品保管棚上的污物			
	4	置物场有无立体化的余地			
	5	是否清除库存品、半成品移动时栈板上的污物			
	6	是否清除设备上的灰尘、污垢、油污，是否清除机器设备周边的灰尘、油污			
	7	是否清除机器设备下的水或油，以及垃圾			
	8	是否清除设备上的灰尘、污垢、油污			
	9	是否清除机器设备侧面或控制板套盖上的油污、手污			
设备	10	是否清除油量显示表或压力表等玻璃上的污物			
	11	是否将所有的套盖打开，清除其中的污物或灰尘			
	12	是否清除开关类物品上的灰尘、污垢等			
	13	是否清除附着于气压管、电线上的尘埃、垃圾			
	14	是否清除附着于灯管上的灰尘（使用软布）			
	15	是否清除段差面上的油垢或灰尘（使用湿抹布）			
	16	是否清除附着于刀具、工具上的灰尘			
	17	是否清除模具上的污垢			
	18	是否清除测定器上的灰尘			

分类	序号	检查点	检查		对策
			是	否	（完成日期）
空间	19	是否清除地板或通道上的沙、土、灰尘等			
	20	是否清除地板或通道上的积水或油污			
	21	是否清除墙壁、窗户等处的灰尘或污垢			
	22	是否清除窗户玻璃上的手印、灰尘			
	23	是否清除天花板或梁柱上的灰尘、污垢			
	24	是否清除照明器具上的灰尘			
	25	是否清除照明器具盖、罩上的灰尘			
	26	是否清除楼梯上的油污、灰尘			
	27	是否清除棚架或作业台上等处的灰尘			
	28	是否清除梁柱、墙壁、角落等处的灰尘、垃圾			
	29	是否清除建筑物周边的垃圾、空瓶			
	30	是否使用清洁剂清洁外墙上的污脏			

综合结论

（四）倡导和坚守每一条规范

1. "破窗效应"理论

"破窗效应"理论认为，如果有人打坏了一栋建筑物的某扇窗户玻璃，而这扇窗户玻璃又得不到及时的维修，某些人就可能受到某些暗示，去打烂更多的窗户玻璃。久而久之，这些被打碎的窗户就会给人一种无序的感觉。结果在这种具有强烈暗示性的氛围中，攻击性的行为就会逐渐滋生、猖獗，并成为一种主流，甚至成为值得炫耀的行为。这个理论给我人们的启示就是，环境具有强烈的暗示性和诱导性，必须及时修复"第一扇被打碎的窗户玻璃"，以免给人造成一种无序的感觉。

2. "破窗效应"连续破坏规则与标准的人会出现

对一个破坏规则与标准的人如果没有及时给予处罚，连续破坏规则与标准的人就会出现，这就是所谓的"破窗效应"。在5S制度制定与贯彻方面，"破窗效应"也同样起着作用。

3."护窗"是关键

必须倡导和坚守每一条5S规范，"护窗"是关键。每一条5S规范，都好比一栋建筑物的窗户。窗户必须经常擦拭、维护，以保持清洁完整。5S规范也需要通过学习、宣传、倡导，使其得到很好的贯彻落实。

4."补窗"是保证

"补窗"是保证，必须及时喊停背离规范的行为。"破窗效应"已经告诉人们，小问题如果不及时解决，任其发展，就会对人产生一种暗示作用，从而导致更大的问题。所以，现场的5S状态如果与企业的标准不一致，甚至对企业的利益有损害，必须及时进行制止和纠正。把"破窗"及时修补好，给人一种整洁有序的感觉，坏风气、坏习惯就没有了可乘之机，企业风气就会越来越好，从而形成一个良性循环。

为了保证5S标准与制度的落实，保证不出现"破窗"现象，就要进行5S检查。5S检查主要包括自我检查、巡视检查、评比检查三种。

二、清洁的实战表单

清洁是通过检查前3S实施的彻底程度来判断其水平和程度。一般要制定对各种生产要素、资源的检查判定表，来进行具体的检查。

检查表内容包含：作业台、椅子；货架；通道；设备；办公台；文件资料；公共场所。

（一）作业台、椅子

作业台、椅子清扫检查表，见表6-9。

表6-9　　　　　　　　　　　　**作业台、椅子清扫检查表**

项目	内　容
整理	（1）现场不用的作业台、椅子 （2）杂物、私人品藏在抽屉里或台垫下 （3）放在台面上当天不用的材料、设备、夹具 （4）用完后放在台面上材料的包装袋、盒
整顿	（1）物料凌乱地搁置在台面上 （2）台面上下的各种电源、信号线、压缩空气管道等各种物品乱拉乱接、盘根错节 （3）作业台、椅子尺寸形状大小不一、高低不平、五颜六色，非常不雅 （4）作业台、椅子等都无标识
清扫	（1）设备和工具破损、掉漆、"缺胳膊少腿" （2）到处是灰尘、脏污 （3）材料余渣、碎屑残留 （4）墙上、门上乱写乱画 （5）垫布发黑、许久未清洗 （6）表面干净、实际上却脏污不堪

（二）货架

货架清扫检查表，见表6-10。

表6-10   **货架清扫检查表**

项目	内 容
整理	（1）现场到处都有货架，几乎变成了临时仓库 （2）货架与摆放场所大小不相适应，或与所摆放之物不相适应 （3）不用的货物、设备、材料都堆放在上面
整顿	（1）摆放的物品没有识别标志，除了当事人之外，其他人一时都难以找到 （2）货架或物品堆积得太高，不易拿取 （3）不同的物品层层叠放，难于取放 （4）没有按"重低轻高"的原则来摆放
清扫	（1）物品连同外包装在内，一起放在货架上，清扫困难 （2）只清扫货物却不清扫货架 （3）布满灰尘、脏污 （4）物品已放很久了也没有再确认，很有可能变质

（三）通道

通道清扫检查表，见表6-11。

表6-11   **通道清扫检查表**

项目	内 容
整理	（1）弯道过多，机械搬运车通行不便 （2）行人和货物的通道混用 （3）作业区与通道混杂在一起
整顿	（1）未将通道位置画出 （2）被占为他用 （3）被占物品摆放超出通道 （4）坑坑洼洼，凹凸不平，人、车辆全都不易通行
清扫	（1）灰尘多，行走过后有痕迹 （2）有积水、油污、纸屑等 （3）有灰尘、脏污之处 （4）很久未打蜡或刷漆，表面锈迹斑斑

（四）设备

设备清扫检查表，见表6-12。

表6-12   **设备清扫检查表**

项 目	内　　容
整理	（1）现场有不使用的设备 （2）残旧、破损的设备有人使用却没有进行维护 （3）过时老化的设备仍在走走停停地勉强运作
整顿	（1）使用暴力，野蛮操作设备 （2）设备放置不合理，使用不便 （3）没有定期检查和校正，精度有偏差 （4）运作的能力不能满足生产要求 （5）缺乏必要的人身安全保护装置
清扫	（1）有灰尘、脏污之处 （2）有生锈、褪色之处 （3）渗油、滴水、漏气 （4）导线、导管全部破损、老化 （5）滤脏、滤气、滤水等装置未及时更换 （6）标识掉落，无法清晰地分辨

（五）办公台

办公台清扫检查表，见表6-13。

表6-13   **办公台清扫检查表**

项 目	内　　容
整理	（1）办公台多于作业台，几乎所有的管理人员都配有独立的办公台 （2）每张办公台都有一套相同的办公文具，未能做到共用 （3）办公台面干净，抽屉里却杂乱无章 （4）不能用的文具也放在台面上 （5）私人物品随意放置 （6）茶杯、烟灰缸放在台面上 （7）堆放了许多文件、报表
整顿	（1）现场办公台的设置位置主次不分 （2）办公台用作其他用途 （3）台面办公文具、电话等没有进行定位 （4）公共物品也放在个人抽屉里 （5）抽屉上锁，其他人拿不到物品
清扫	（1）台面脏污，物品摆放杂乱无章，并且积有灰尘 （2）办公文具、电话等物品污迹明显 （3）台上办公垃圾多日未清理

（六）文件资料

文件资料清扫检查表，见表6-14。

表6-14　　　　　　　　　　　　**文件资料清扫检查表**

项目	内　容
整理	（1）各种新旧版本并存，分不清谁新谁旧和孰是孰非 （2）过期的仍在使用 （3）需要的人员没有，无关人员反倒很多 （4）保密文件无人管理，任人随意阅读 （5）个人随意复印留底
整顿	（1）未能分门别类，也没有用文件柜、文件夹来存放 （2）没有定点摆放，四处都有，真正要用的却不能及时找出 （3）文件种类繁多，难以管理 （4）接收、发送都未记录或未留底稿 （5）即使遗失不见了，也没有人知道
清扫	（1）复印不清晰，难以辨认 （2）随意涂改，没有理由和负责人 （3）文件破损、脏污 （4）文件柜、文件夹等污迹明显 （5）没有防潮、防虫、防火等措施

（七）公共场所

公共场所清扫检查表，见表6-15。

表6-15　　　　　　　　　　　　**公共场所清扫检查表**

项目	内　容
整理	（1）空间用来堆放杂物 （2）洗涤物品与食品混放 （3）消防通道堵塞 （4）排水、换气、调温、照明等设施不全 （5）洗手间男女不分，时常出现令人十分尴尬的场面
整顿	（1）区域、场所无标识 （2）无整体规划图 （3）物品无定位、定置 （4）逃生路线不明确 （5）布局不合理，工作效率低
清扫	（1）玻璃破损，不能挡风遮雨 （2）门、窗、墙被乱涂乱画 （3）墙发黑，地面污水横流 （4）采光不好，视线不佳 （5）外层污迹明显，无人擦洗 （6）无人定期进行必要的清洁、消毒

131

6人为一组，模拟一个制衣车间，制定清洁的标准。

任务三　掌握清洁的方法和推进重点

一、掌握清洁的方法

微课6-3

掌握清洁的
方法和推进
重点

（一）员工行动必须干脆利落

1.员工是行动的主角

企业中每个成员才是行动的主角。清洁就是要时时保持5S的状态，所以必须经常采取行动。

2.行动干脆利落

行动干脆利落是指按照规定的制度，立即进行一丝不苟的清理清扫，彻底清除垃圾，并将这些活动坚持下去。例如：员工看到过道里散落垃圾，就立刻将它捡起来，使地面达到清洁的状态；看到工具文件散落一地，就立即进行整理，并对场地进行清扫，清除垃圾，使现场保持干净整洁；看到设备漏油，须立即采取措施进行整治，并将脏污的地面擦拭干净。

为了确保工作场所干净、清爽、整洁，员工必须干脆利落地进行清扫工作，不要总有"太麻烦了，回头再做吧""肯定有人会做"的想法。若都不行动，作业现场即永无变化之可能，脚踏实地反复去做，作业现场才有好转的希望。

3.放任不管污渍会变得越来越难清理

如果员工看到工作场所脏乱，却视若无睹、放任不管，那么污渍会变得越来越难清理，工作场所也会越来越脏。

4.时时刻刻

如果全体员工都能够采取干脆利落的行动，现场就能维持干净整洁的状态，员工的习惯就能在不知不觉中，慢慢地发生改变。因此"时时刻刻"就是清洁落实的关键词。

5.员工要做到行动干脆利落必须注意的事项

（1）按照制度和标准进行清洁。

（2）立即进行清洁。

（3）一丝不苟地进行清洁。

（4）彻底清除垃圾。

（5）清洁活动需要坚持下去。

（二）如何做好清洁

如果说整理是5S的基础，整顿是5S的关键，清扫是5S的核心，那么清洁就是5S的固化。那么，如何做好清洁？

1.顶层设计——制定程序文件

所谓"有法可依"，就是从公司制度层面把5S定位好，明确5S推行的架构和成员，明确权、责、利关系。这为后续推行奠定了制度基础，也统一了大家的认识。

2.制定标准——将5S的执行标准明确

要执行5S，要保持前面3S的成果，就一定要把之前的做法固化下来，形成标准文件，放到各区域现场，便于有效执行。这里需要明确清理的工具、方法、频率和达到的效果（效果一般用彩色图片反映），这样就非常直观，便于员工理解和执行，同时也为后续5S打分评判定好了依据。

3.定期检查——各级分层自查和巡查

定期检查是很有必要的，通常的做法是分三级检查，工序上员工自己每班检查，班长每班巡查，公司管理层每周检查，所有的检查结果都目视化公开。

4.不良整改——形成闭环

对于在每周5S检查中发现的问题，检查者会汇总并把不良图片和描述发给需要整改的部门，并限时整改（一般为一周内），整改完成后需要专人确认，以验证整改效果。

5.持续鼓励——培育文化

对各区域每周5S检查得分进行排序，每月汇总并评选出一个"月度5S优胜区域"，配以流动红旗，由总经理颁授，可以拍照并在全公司内进行宣传。

（三）推进清洁的措施

1.实施标准化，制定专门的标准、手册

（1）标准、手册内容明确，便于实施。

（2）制定工作现场的清扫程序、方法，明确清扫后的状态。

（3）确立区域和画线的原则。

（4）明确设备的清扫、检查程序和完成后的状态。

（5）明确设备的动力、传动、润滑、油压、气压等部分清扫、检查的程序及完成后的状态。

（6）明确清扫计划、清扫责任者及日常的检查。

2.岗位规范化，明确清洁的状态

清洁的状态主要包括三个要素：干净、高效、安全。具体工作如下：

（1）地面的清洁。

（2）窗户和墙壁的清洁。

（3）工作台的清洁。

（4）工具与工装的清洁。

（5）设备的清洁。

（6）货架和放置物资场所的清洁。

3.检查评比，持续改进

坚持日常自检和定期组织检查，检查现场的清洁状态和现场标志是否适宜高效作业，以及是否文实相符。

4.环境色彩明亮化

环境对工作效率的影响非常显著，明亮的工作环境可以让员工的工作积极性更高，相应的效率也更高，厂房、车间、设备、工作服都应采用明亮的色彩。

（四）保持清洁的方法

保持清洁的方法有可视化、展示化、5S见习会。

1.可视化

可视化是清洁的关键词。为了保持清洁，要怎样去做呢？可视化对于清洁同样重要。我们以无尘室或手术室为例进行说明。

无尘室和医院的手术室都必须时常保持清洁。微小灰尘会对产品的合格率产生极大影响，而半导体的清洁度正是企业赖以生存的生命线。医院里有各种各样的细菌，没有人会愿意在不干净的手术室里接受手术。如果将所有的生产现场想象成无尘室、手术室的话，就能随时积极地维护清洁了。

2.展示化

通过展示化使工厂变为商品陈列室。将可视化进一步推进，积极地向外界展示，可以称之为"展示化"。如果推进到这一步，清洁水平就会进一步提高。住宅展示区和汽车销售点都很整洁，因为商家的目的是令客人感到满足，甚至感动，从而激发其购买意愿；而清洁的卖场一定会令人感到舒心。如果能将工厂内部情况主动展示给客户或附近的人们会怎样呢？这一定能激发员工保持清洁的斗志。展示化最终的受益者还是自己。

3.5S见习会

（1）开展公司内部的5S见习会。如果定期组织内部参观学习的话，就会感到被很多双眼睛盯着，给人带来积极意义上的紧张感。与此同时，还可以获得对5S的启发或意见。

（2）开展公司外部的5S见习会。邀请公司外部的人（客户、供货商、公司附近的人）来参观，就更能够带来保持清洁方面的压力。但如果生产现场能感动参观者，员工就能获得极大的满足感，从而产生巨大的动力。

（3）举办5S竞赛。通过竞赛活动，充分沟通交流，能够实现取长补短的效果。

（五）执行清洁的推进步骤

1.清洁的注意事项

（1）各种工具、门窗、装（设）备尽量不要盖盖、关门，以便于目视。

（2）制作各种标志牌，贴在相应的部位。

（3）实施了就不能半途而废，否则又回到原来的混乱状态；制作各种检查表，进行定期检查，以维持活动的成果。

（4）生产车间空气要清新，拥有良好的通风系统。

（5）特种工序现场要有抽气系统、防爆系统，确保职工工作安全、身心健康。

（6）设备要有操作使用说明书及标志。

2.清洁的推进步骤

（1）对推进的组织进行培训或教育。人的思想是复杂而多变的，必须统一思想，才能一起朝着共同目标去奋斗。所以，必须把5S的基本思想灌输给企业的每个员工，并对其进行长期的、耐心的教育。

（2）整理并区分工作区的必需品和非必需品。经过必要的培训或教育，就应该带领组员到现场，进行实际操作，将现场的所有物品整理一遍，区分工作区的必需品和非必需品，了解它们的使用周期，并认真记录。

（3）向作业者进行确认和说明。作业者就是岗位的主人，现场的作业者就是这个机器的操作人，或者这个责任区的负责人。作业者可以做好该岗位的工作，也可能使该岗位的工作出现问题。因此，应该使岗位的作业者清楚自己的岗位需求，知道哪些是不完善或不适用的。所以，在区分必需品和非必需品时，应该先向保管人或作业人进行询问，并确认清楚，说明一些相关的情况。这样，在进行清洁时，就能得到更高的效率。

（4）撤走各个岗位的非必需品。只要是用不着的，或要很长时间才能用一次的，都称为非必需品。非必需品没有必要留在现场，必须全部撤走，绝不能以"明天再做"的心态来对待。在一些贯彻5S管理的企业中，所谓及时处理，就是发现问题及时解决。

（5）整顿并规定必需品的摆放场所。整顿的目的就是把东西特别是必需品摆在应该摆放的地方，而撤走了非必需品并不是万事大吉了。现场的必需品应该怎样摆放，是否妨碍交通、妨碍操作者的操作及拿取是否方便，都是必须解决的问题。必须根据实际条件、作业者的作业习惯以及作业的规定来确定必需品的摆放位置。

（6）规定摆放的方法。必须明确规定物品的摆放方法，如摆放的高度、数量、宽度等，并将这些规定最终形成文件，以便于日后的改进及对其更好地推进和总结。

（7）进行标识。所有的工作都做了，下一步就要做一些标识，标识规定的位置、高度、宽度、数量，应方便员工识别，以减少员工的记忆劳动。标识好了，就能使员工一目了然。这样，也会大大减少因选择错误而造成的成本损失。

（8）对作业者说明放置和识别的方法。将确定的放置方法和识别方法传达给作业者，推进人员将工作从手中移交给作业者进行日常维护。将确定的放置方法和识别方法告诉作业者、员工，在说明时必须注重原则性的问题。有些作业者开始有些不太适应或认为不对，这时就要做好其思想工作，凡是有必要的就坚决按规定执行。在实施中可以提出改进意见，但不得擅自取消实施。

（9）清扫并在地板上划出分区界线，明确责任区或责任人。因为工厂的范围很大，所以必须划分责任区和明确责任人，严格地按规定去做，一就是一，二就是二，工作才能进行下去。

二、明确清洁的推进重点

（一）落实前3S的工作

1.编制清洁手册

整理、整顿、清扫的最终结果是形成"清洁"的作业环境。要想做到这一点，动员全体员工参加整理、整顿、清扫是非常必要的，所有的人都应该清楚要干什么。对每一个人都要划分责任区，每一个人都要参加5S的维护工作，把大家认可的各项应做的工作和应保持的状态汇集成册并形成专门手册，从而达到确认的目的。

清洁手册要明确的内容见表6-16。

表6-16 **清洁手册要明确的内容**

内容一	工作现场地板的清洁程序、方法和清洁状态
内容二	确定区域和界线，规定完成后的状态
内容三	设备的清扫、检查的进程和完成后的状态
内容四	设备动力、传动、润滑油、油压、气压等部位的清扫，检查进程及完成后状态
内容五	确定公司的清扫计划和责任者，规定清扫实施后及日常的检查方法

2.定期检查

清洁是通过检查前3S实施的彻底程度来判断其水平和程度的，一般需要制定相应的检查表来进行具体检查。检查中遇到问题时，应拍下照片，记录清楚问题点，以便责任人进行整改。

（1）定期检查表示例见表6-1。

（2）整顿检查表示例见表6-5。

（3）清扫检查表示例见表6-7。

3.坚持实施5分钟3S活动

每天工作结束之后，花5分钟时间对自己的工作范围进行整理、整顿、清扫活动，不论是生产现场还是行政办公室都不能例外。

5分钟3S活动必须做的项目如下：

（1）整理工作台面，将材料、工具、文件等放回规定的位置。

（2）整理次日要用的换洗品，如抹布、过滤网、搬运箱。

（3）理顺电话线，关闭电源、气源、水源。

（4）倾倒工作垃圾。

（5）对齐工作台椅，并擦拭干净，人离开之前把椅子归位。

4.制作清洁点检表

5S管理怎么做清洁？一要建立标准；二要建立检查周期；三要持续改善；四要形成习惯。清洁点检表示例见表6-17。

表6-17

4S点检表

A线办公室4S点检表

序号	区域	点检频次	点检时间	点检方式	点检标准	日期 1	2	3	4	5	6	7	8	9	10	11	12	13	14	15	16	17	18	19	20	21	22	23	24	25	26	27	28	29	30	31
1	物品暂存区	每天	17: 30	目测																																
2	办公桌桌面	每天	17: 30	目测																																
3	生产管理4S看板	每天	8: 30	目测	参照区域标准																															
4	垃圾桶	每天	17: 30	目测																																
5	空调水回收桶	每天	17: 30	目测																																
6	空调	每周五	9: 00	目测手摸																																
7	不锈钢柜子	每周五	9: 00	目测																																
8	饮水机、内胆	每月1号	9: 00	目测、手摸																																
⋯																																				

年 月

续表

A线办公室4S点检表

年　月

点检情况		日期																														
		1	2	3	4	5	6	7	8	9	10	11	12	13	14	15	16	17	18	19	20	21	22	23	24	25	26	27	28	29	30	31
点检人	职责	1.根据点检频次、时间、方式：点检各区域是否按标准执行，符合请打"√"，不符合请打"×" 2.打"×"的区域，请在此表反面"点检问题反馈表"上填写																															
李某	确认签字																															
车间主任（每周五9：00）	确认签字																															
三级点检保障机制	巡检人 / 职责	1.抽查现场是否按标准执行，如有问题请在此表反面"点检问题反馈表"上填写，并提出解决方法 2.监督点检人执行情况，并签字+日期																															
	生产部长（每月2次，时间不定）确认签字																																
	生产副总经理（每月2次，时间不定）确认签字																																
	总经理（每月1次，时间不定）确认签字																																

（二）制定目视管理、颜色管理的基准

清洁的状态，狭义上是指"清净整洁"。广义上是指"美化正常"，也就是除了维持前3S的效果以外，更要通过各种目视化的措施，来进行点检工作，使"异常"现象能及时被消除，让工作现场保持正常的状态。

借整顿的"定位""画线""标识"工作，彻底塑造一个地、物明朗化的现场，从而达到目视管理的要求。

（三）制定稽核方法

1. 稽核的作用

稽核的作用是增强公司员工的工作意识，养成良好的工作习惯，提升公司形象及员工归属感，减少浪费，使产品质量有保证，工作效率有提高。

2. 稽核评分标准

稽核评分标准如下：

（1）每个部门建立一份"清洁稽核考评标准表"，作为稽核的标准。清洁稽核表示例见表6-18。

表6-18 清洁稽核表

检查对象	责任人	检查情况	改进办法
作业台、椅子			
货架			
通道			
设备			
办公台			
文件资料			
公共场所			

（2）5S小组定期于每周稽核。组长负责组织稽核，并收集、汇总、公布各推行人员的评分结果。

（3）得分为所有参加稽核推行人员总和的平均值。

（四）制定奖惩制度，加强执行

清洁奖惩目的在于鼓励先进、鞭策后进，形成全面推行的良好气氛。奖惩的具体实施应以促进5S工作开展为中心，不以惩罚为目的。依5S竞赛办法，对在5S活动中表现优良和执行不力的部门及人员予以奖惩。奖惩只是一种形式，而团体的荣誉与进步才是最重要的。

（五）持续形成5S意识

企业一旦开始实施5S就绝对不能半途而废，否则就会很快地退回到原来的状态。某些企业在推行5S的过程中，刚开始时很积极，管理者、全体员工都非常重视，集会、宣传、海报、演讲比赛等都在具体化地实施5S。可是过了一段时间以后，又逐渐退回到原来的状态。

推动5S并不是某个人的事情，而是每一个人的事情，管理者必须以身作则，要持续不断、坚持不懈，必须树立一就是一、二就是二的观念，对长时间养成的坏习惯，必须长时间地、持之以恒地进行改正。

持之以恒，是提升水平的前提。任何事情，如果不去做的话，将永远不会有结果；任何目标，如果不持之以恒坚持下去的话，就永远也无法实现。对于清洁工作也一样；如果不持之以恒地做下去的话，全体员工自然也就无法形成习惯，也就不能创造一个干净整洁的现场，更别说提高清洁水平了。因此企业需要持续推行清洁工作，定期开展3S活动、进行工作现场的清洁，随时进行清洁状况的检查，并时刻维持工作场所的清洁，定点摄影，对比成果，让员工形成保持工作现场清洁的习惯，这样才能提高企业的清洁水平。只有让员工形成习惯，员工才会不约而同地进行整理、整顿和清扫，这样现场的清洁水平也就自然会提高。持之以恒提升水平的具体图解如图6-2所示。

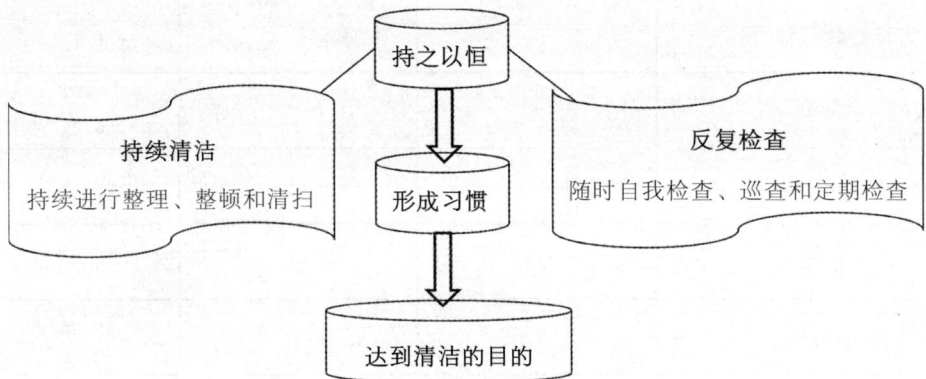

图6-2 持之以恒提升水平的具体图解

（六）高层主管经常带头巡查、带头重视

巡查是对日常整理、整顿、清扫工作进行督促整改的一种方法。要想始终保持整理、整顿、清扫的状态，很重要的一点就是要做到在手头空闲的时候能够随时认真地收拾打扫，更重要的是，企业的领导层应该对5S活动坚持不懈地予以支持。全体员工时时刻刻都在关注企业领导层的态度和行为，如果企业领导层对5S活动非常重视，员工即使有所抱怨，也会持续地对自己负责的区域进行维护，5S活动就会慢慢地固化下来。同时，为了使全体员工清楚地看到领导层对5S活动的执着程度，领导层应该亲自到现场进行巡查，以对各个区域进行巡回点评。

●边学边练●

6人为一组，模拟一个制衣车间，要求做好清洁定期检查，请列出定期检查需要完成哪些工作。

中国实践

落实6S管理，推进企业高质量发展

在新时代，人民群众对增强社会安全感提出新要求的同时，如何兼顾发展与安全的问题也摆在大家面前。

随着我国制造业的快速发展，越来越多的先进设备出现在制造生产现场，我们正从"制造"走向"智造"。但我们必须清醒认识到，我们仍有许多不足需要改进。有些单位生产现场多余物未及时清理，零件架等物品占用通道，工具箱杂乱，个人用品随意摆放，工装、模具、零件落地摆放，厂区、厂房周边及生产现场脏乱，员工未正确佩戴劳动防护用具……这一幕幕场景表明，当前我们还没有达到软硬件相匹配的程度。

生产现场机器设备摆放不当，容易造成作业流程不流畅、增加搬运距离、虚耗工时等问题；机器设备保养不良或不整洁，会影响设备的使用寿命及设备精度，并将直接影响企业的生产效率和产品品质；原料、半成品、成品、维修品、报废品随意摆放，会出现混料，造成品质问题，同时还要花费多余时间寻找需要的物品，影响效率；特种操作设备防护不到位、员工生产防护不到位，则容易出现安全隐患，一旦发生安全事故，后果不堪设想……

在航空工业系统持续推行多年的6S管理，是一种以整理、整顿、清洁、规范、素养、安全为主要内容，以科研生产现场为工作重点，以提高员工素养为核心，以培养员工良好职业习惯为主要工作方式的行之有效的先进管理工具。实践证明，6S管理在提高企业基础管理水平和产品质量、提升干部员工的职业素养、实现航空工业文化落地、优化企业社会形象等方面，起到了重要的促进和推动作用，是航空工业顶层部署，有计划、有检查、有评价、有标准地开展并取得较好成效的管理实践。

基础不牢，地动山摇。6S管理工作是企业高质量跨越式发展的基本保障，解决生产现场存在的问题和薄弱环节，提升干部员工职业素养，促进科研生产高质高效、安全有序进行，必须健全完善6S管理长效机制，做细做实6S管理工作。

对于企业来说，6S管理是一种态度，是为了形成有纪律的文化而必须表明的一种态度。这种态度是不怕困难，"把想到的做到、把做到的做好"的坚决态度。所以我们要转变观念，把"要我6S"转变为"我要6S"，形成有纪律的文化，不断提高竞争力。对于管理人员来说，6S管理是基本能力，做好6S管理能够让现场井然有序，将异常情况发生率降到最低。对于员工来说，6S管理是每天必须落实的工作，这个工作如果没做好，则会导致工作无序、效率降低。从另一个角度来说，如果现场脏、乱、差，员工工作散漫，产品质量问题层出不穷，安全事故屡次发生，这样的工作环境如何让员工有安全感？又如何让员工为之自豪？试问这样的企业又怎么能够吸引人才、留住人才？

现场就是市场，6S管理是现场管理的基础，6S管理水平的高低代表了现场管理水平的高低。通过6S的整理、整顿、清扫、清洁、素养、安全，不断规范现场管理，提升现有管理水平，是当下各单位现场管理的首要任务。6S管理只有起点没有终点，我们在推行时必须贯彻执行到底，全力以赴、持之以恒地做好，日日做、时时做。

"合抱之木，生于毫末；九层之台，起于累土。"踏上新征程，我们要从企业发展全局的高度来谋划发展路径，唯有强基础、壮筋骨，企业方能在新的历史起点上走得更快、更远、更踏实。

资料来源　许伟.落实6S管理，推进企业高质量发展与安全生产工作［N］.中国航空报，2021-08-31.节选.

项目小结

通过本项目的学习，掌握的主要内容包括：认识清洁、明确清洁的标准、掌握清洁的方法、明确清洁的推进重点。无论是5S实施还是5S成果的维持，都需要持续开展实施清洁，使之习惯化，持之以恒。

项目检测

一、选择题

1.所谓（　　）是指连续、反复不断地进行整理、整顿、清扫活动。

A.清洁　　　　　　　　　　　　B.清扫

C.素养　　　　　　　　　　　　D.安全

2.清洁的状态包含的三个要素是（　　　）。

A.干净、高效和安全

B.整理、整顿和清扫

C.检查、监督和改进

D.推进、整改和巡查

二、判断题

1.清洁就是维持整理、整顿、清扫后的局面，使工作人员觉得整洁、卫生。（　　）

2.目视管理就是一看便知的管理。（　　）

3.工厂什么地方有什么东西不用标识，因为我们有经验，靠感觉就可以了。（　　）

三、实践训练

6人为一组，共同做一个关于清洁的行动，连续、反复不断地进行整理、整顿、清扫，在行动前后进行拍照对比，写出自己的心得体会。

【学习目标】

＊知识目标

◆ 掌握职场礼仪标准。

◆ 掌握员工应有的工作态度和规范要求。

◆ 掌握素养养成的推进要点。

＊技能目标

◆ 能够熟练运用职场礼仪、制度、规范标准检查员工的素养。

◆ 能够尊重他人。

◆ 能够知礼、守礼、用礼。

＊素养目标

◆ 培养"你的形象价值百万"的观念。

◆ 树立良好的个人形象，建立友好和谐的人际关系。

◆ 提升服务意识和大局观念。

【思维导图】

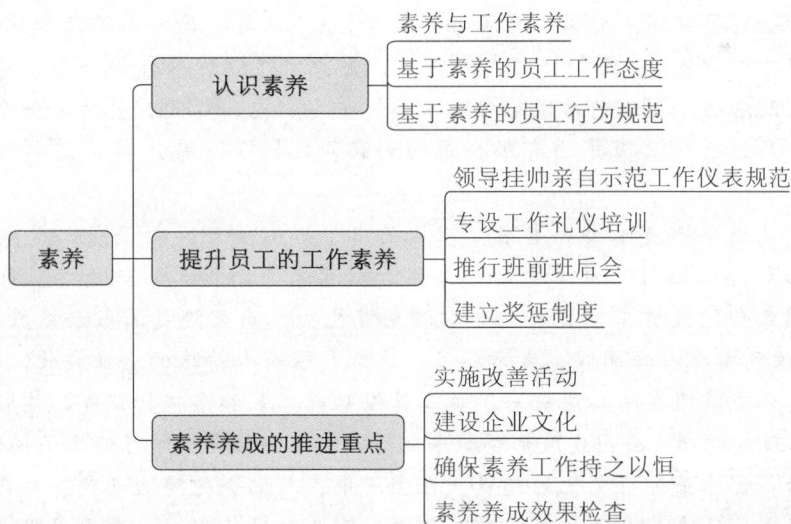

工 作 场 景

我做好了企业才能做好

兰青敏上班快一周了。最近,他观察到了一些现象:早晨上班时间,有的同事迟到十几分钟,也有的迟到近半个小时。中午休息一个小时,下午1点上班,有的同事1点20分才从外面回来。工作时间,个别同事在看短视频、煲电话粥,还有个别的在看股票的走势图、网络小说。快到下班时间了,同事甄方蒿跟他说:"小兰,我提前走一会儿,着急接小孩放学,帮我关一下电源开关呗。"兰青敏只好帮他关闭了电源,这无形中让兰青敏心里很不痛快。

进公司几天后,好心的黄智勇师傅把公司的历史、人际关系等给他描绘了一番,令本来准备好好干一番事业的兰青敏心情一下子跌入低谷,冲天的干劲消失了大半。他也开始随大流……

就这样两周时间过去了,兰青敏迎来了公司5S活动实施。

兰青敏对自己进行了调整,开始投入到紧张的工作中,他明白了一个道理:要为自己而工作,为自己积累从业经验,塑造自己的职业形象,扮演好自己的角色,做一个对得起公司、对得起自己的人。

从那以后,兰青敏坚持每天都早早来到工位上,把车床擦得一尘不染,点检发现问题立即处理。师傅黄智勇到的时候,兰青敏已经做好自己工位的5S工作,开始帮助师傅进行清理了。每天下班前,兰青敏和工友们都要做清理工作。他将工位打扫干净,关闭电源,检查确保安全之后,才最后一个离开车间下班回家。黄智勇见徒弟忙里忙外,早来晚走,赞不绝口:"小兰真是个好孩子,把我都感动了,咱们公司出了个人才啊。"兰青敏开心极了,脸上洋溢着遮不住的笑容:"咱们公司好,师傅教得好,师傅人更好。"

兰青敏实习期满,公司人力资源部通知他:"恭喜,你转正了,加油干吧!"兰青敏在日记中写道:"我要成长,我做好了,企业才能做好;我是一个员工,应进行整理、整顿及清扫。下班前后做好安全工作,关水、电、煤气,杜绝不安全因素。"

一年后,善言无瑕集团有限公司的利润同比翻了一番,员工们群情振奋,精诚团结。

善言无瑕集团有限公司本着"以人为本、贴心管理,提高员工的凝聚力"的原则,精心打造出公司"员工生日"文化,以此来提高员工的归属感。每逢员工过生日,车间都会问候员工,公司也会赠送生日礼物,而且给员工当天放假。兰青敏说:"过生日收到所有人的问候,太幸福了,这就是很有人情味的企业文化。"

善言无瑕集团有限公司统一了员工蓝橙双色工装和车辆标识等,这就是企业标识的独特体现。现在,公司发展形势越来越好,前来公司参观学习的兄弟单位络绎不绝。

启示:素养是企业文化的起点。在生活中,人们会把随地吐痰、乱扔垃圾、大声喧哗等看成是没有素养的表现,在工作中,则会把漫不经心、马马虎虎、不遵守规章制度看成是没有素养的表现。好的制度令人才辈出,不好的制度则埋没人才。同样一个人,在不同的环境下能创造出不同的价值,可见公司的整体氛围对人的影响很大。

任务一　认识素养 ///////

微课 7-1

认识素养

一、素养与工作素养

企业 5S 推行人员可发动公司所有单位和部门全面展开素养活动，确保人人积极参与，使之成为公司全员的日常活动，促使人人有礼节、懂礼貌、守规范，进而形成良好的工作素养，打造和睦的团队。

（一）素养的内涵

通常素养指员工在日常生活与工作中遵守规则，自然而然所形成的良好的行为举止。素养的具体内容有：

（1）仪表：人的外表，包括容貌、姿态和服饰，是人的精神状态的外在表现。

（2）仪态：人们在交际活动、日常工作和生活中的举止所表现出来的姿态和风度。

（3）礼节：对他人态度的表现和行为习惯，是礼仪在语言、行为方面的具体规定。

（4）礼貌：人们之间相互表示尊重和友好行为的总称，它的第一要素就是尊敬之心。

（5）表情：人的面部动态所流露出的情感，在给别人的印象中，表情非常重要。

素养体现在工作上就是工作素养；体现在生活中就是个人素质或者道德修养。工作中注重文明礼貌，不打听别人的隐私，遵循公司规则，工作认真、敬业，行为举止合乎规范等都称为工作素养。个人无论在生活中还是工作中，都应该提高自己的素养，做到有礼节、懂礼貌、守规范，创造一个和谐的工作和生活环境。注意企业要使员工养成良好的习惯，不仅需要一些规范章程的约束和鞭策，更需要潜移默化地灌输与影响。

前 4S 活动是基础，也是手段，企业通过持续推行前 4S 活动，使员工在无形中养成一种保持整洁的习惯。如果前 4S 没有落实，则第 5 个 S 素养就没办法实现。

（二）工作素养的目标和内容

工作素养的目标是促使员工养成良好的行为习惯。工作素养的核心就是提高员工的素质，如果工作素养没有提高，5S 活动将无法长期坚持下去。工作素养的具体内容有：遵守行为礼仪规范、遵守企业相关规定。

（三）素养的表现

1.礼仪

礼仪是人们在长期的交往活动中，逐渐形成的用来指导和约束人们交往行为的规范，是协调社会成员相互交往关系的行为准则。职场礼仪就是人们在职业场所中应当遵循的一系列礼仪标准。

147

2.仪容

无论是企业办公室人员还是工厂车间人员等，都需要注重自己的仪容仪表，良好的仪容仪表也是其工作素养的一种表现。仪容指员工的容貌，是员工的个人形象的一种体现。

3.仪表

仪表指员工的外表，包括员工的服饰和姿态等方面，是员工的精神面貌的外观体现。

良好的仪容仪表既反映了员工的自尊自爱，又在一定程度上反映了企业较高的管理水平。企业对员工仪容仪表的整体标准：整齐清洁、自然、大方得体、精神奕奕、充满活力。整洁的服饰、良好的精神面貌能给人不错的第一印象，工作人员注重仪容仪表不仅仅属于个人行为，这在表现出个人自尊自爱的同时，更多的是对同事的尊重，也代表企业的整体形象。具有良好整体形象的企业，会给客户留下良好的印象，更能够让客户放心。

（四）工作素养的作用

（1）提升员工素质。

（2）形成良好的企业文化。

（3）使5S活动长期坚持下去。

二、基于素养的员工工作态度

（一）上班前

（1）保持愉快的心情。

（2）提前10分钟到达岗位，并按规定着装。

（3）遇到同事及上司应主动问好。

（4）进入工作现场后应将随身物品放置于指定位置。

（5）开通各种通信设施，检查往来联络情报。

（6）上班时间一到，立即停止一切非工作事宜，如吃早餐、看报及聊天等。

（二）守时

（1）严格遵守作息时间，做到不迟到、不早退。

（2）参加会议、培训、洽谈或与人约定时应守时。

（3）工作有计划，注重期限，争取时效。

（4）对于约定的事，要全力完成。

（三）守序

（1）了解企业的历史、组织结构、规章制度和产品，尊重客户。

（2）保持严肃的工作气氛，不得喧哗及嬉戏。

（3）上班时间不做私人事务，无重要事宜不会见亲友。

（4）遵守关于吸烟的安全规定。

（5）保持环境整洁。

（四）履职

（1）对工作认真负责。

（2）尊重上司，听从安排。

（3）知错必改，不强辩、不掩饰。

（4）不断追求进步，丰富自己的知识。

（5）坚守岗位，不擅离职守。

（6）视工作状况适当调整吃饭或下班时间。

（7）保持正确坐姿，不得歪歪斜斜。

（8）着正装，不得打赤膊。

（五）文件处理

（1）将已解决或未解决、紧急或普通文件分开，并迅速做出处理。

（2）文件处理后应签章并注明日期。

（3）传递或会签的文件应依类别编号、归档。

（4）废弃的文件应按规定登记、销毁。

（六）台面及抽屉

（1）办公桌上只可放置必需的办公用品及文件。

（2）文具、茶杯、电话、文件应定位放置，以利取放。

（3）不应将重要、机密文件放置桌上。

（4）定期清理抽屉里的物件，并放置整齐，私人物品应携带回家。

（七）离开座位

（1）外出时，应将地点、目的、预定返回时间向上级报告或以"出厂单"形式明确表示。

（2）工作时间内，不可随便离开岗位。

（3）离开座位时，需整理桌上文件，并将椅子归位。

（4）走路时要轻声，进出电梯时应"先出后进"。

（5）不要在走廊、茶水间、培训室、洗手间内聊天。

（6）进出大门、电梯及通过走廊时，应让客人及上司先行。

（八）薪资

（1）不询问或打听他人薪资。

（2）不羡慕或忌妒他人的高薪，应以实力及表现来争取。

（3）不因调薪之多少而影响工作态度。

（4）不拿薪资作横向比较。

（九）请假

（1）请假需事先提出，临时请假要通过电话向主管报批，及时通知人力资源部。

（2）请假前应将待办事项交代给职务代理人，并留下联络电话。

（3）充分利用公共假日休息或办理私人事务。

（4）不可因请假而影响工作。

149

（十）出差

（1）出差也是上班，不是旅行，不应彻底放松。

（2）出差是代表企业，需注意个人形象。

（3）减少不必要的出差，考虑出差成本与效益。

（4）出差前应做好出差计划，以免费时费力，出差后应提交出差报告。

（5）出差时应注意安全，合理安排生活，以免影响工作。

（十一）加班

（1）应在办公时间内完成工作。

（2）如果工作未能及时完成，或突发某项紧急工作，应主动加班。

（3）加班时仍应保持正常的工作态度。

（4）加班也应按规定打卡。

（十二）惜物

（1）爱护企业设备，绝不挪为私用，不随意破坏。

（2）借用后应立即归还。

（3）个人保管的公物应妥为保管、保养。

（4）节约使用文具、纸张、复印机、水电等一切公共消耗品。

（5）应经常擦拭、保养办公设备，保持其整洁，遇有损坏应立即报修。

（十三）下班时

（1）接近下班时间，才可开始收拾东西或等待下班。

（2）今日事，今日毕；下班前制订明日的工作计划。

（3）将桌上物件放回抽屉及柜内，保持桌面干净。

（4）应将电脑、打印机、空调的开关和水电设施关闭。

（5）将椅子、设备、工具归位。

（6）不影响其他尚在工作的同事。

（7）与上司及同事道别。

（8）最后离开者确认门窗是否关好。

三、基于素养的员工行为规范

（一）仪表要求

（1）女性员工避免穿着华丽的衣服或佩戴贵重的装饰品。

（2）女性员工的妆容宜淡雅朴实，不得涂鲜艳的指甲油。

（3）男性员工着装应整洁。

（4）进入厂区必须按工厂规定着装。

（5）整齐的头发会使自己显得更有精神，男性员工不得留胡须。

（6）指甲、牙齿、鞋子甚至内衣均不可忽视卫生。

（二）待人要求

（1）不因对某人的好恶，而影响自己对他工作的评价。

（2）不固执己见，应有雅量接受别人不同的意见。

（3）不要恃才傲物，不因别人的学历或职位低而轻视他人。

（4）不拉帮结派。

（5）同事之间要保持适当的尊重。

（6）平时多与同事沟通，对工作上的协调合作自有裨益。

（7）不随意批评别人，不传他人隐私，不宣扬别人过失，不搬弄是非。

（8）寻求与同事相处的乐趣，增进彼此的关系。

（9）不随便斥责他人。

（10）不因资历老而自视高人一等。

（三）说话要求

（1）保持轻松的态度、适当的音调、清晰的发音。

（2）把握重点内容，长话短说，尤其是打电话时。

（3）认真倾听对方讲话，不打岔。

（4）适时附和对方的谈话。

（5）进入他人办公场所时，应先敲门。

（6）不和正在计算的人谈话。

（四）休息时间

（1）不在办公场所吃东西。

（2）不将会客室、会议室、培训室作为休息之用。

（3）应注意休息时的坐姿、站姿。

（4）不因外出或休息过头而耽误工作。

（5）不高声谈笑、打电话、追逐嬉戏，走路要放轻脚步。

（6）避免剧烈运动，以免工作时精神不振。

●边学边练●

为自己设计一套礼仪训练方案，要求说明训练的时间、地点、内容，请一个同学监督你执行。把训练前后的行为记录进行对照，说说自己的体会。

微课7-2

提升员工的
工作素养

任务二　提升员工的工作素养

一、领导挂帅亲自示范工作仪表规范

为了确保员工的仪容仪表符合公司的要求和标准，可制定工作仪表规范，以便员工能够按照标准进行恰当的修饰。员工每天上班前应注意检查自己的仪容仪表，以确保满足公司的标准和要求，上班时不要在办公区域或公共场所整理仪容仪表，必要时可到卫生间整理。各部门负责人为了确保本部门员工的仪容仪表符合公司的标准和规范，需不定时检查，如发现不合格者，应立即纠正。要求员工遵守规则和行为规范，以便提高全员文明礼貌水准，促使每位成员养成良好的习惯。

（一）领导执行

领导敬业，员工也会敬业；领导注重仪容仪表，员工也会注重仪容仪表；领导重视礼仪，员工也会注重礼仪。企业在推行各项制度的过程中，领导可充分发挥表率作用，从而激励大家努力遵守各项规定，提高个人的素养。比如，领导每次进入和离开办公大楼时，都对保安或工作人员说一声"早上好"或者"再见"，可能前几次大家会比较被动地点点头，或者回一声"早上好"或者"再见"，但是时间一长，保安看见领导过来就会主动挥手或点头问好，并且这样的行为也会变得越来越自然。这充分说明领导的表率作用是不可忽视、毋庸置疑的。

（二）领导挂帅要坚持

领导要打破流于形式的"亲自挂帅"，不能只做做样子，不能只示范一两天就不做了，一定要坚持下去，这样员工才会坚持进而形成习惯。员工会觉得"领导都坚持不下去，我们为啥要继续"，或者"原来只是做做样子啊"，这样员工就不会真正全心全意地去遵守并坚持。但是如果领导一直坚持下来，展现出积极的态度和坚定的决心，那么员工也就会被这样的行为所感染，从而开始真正地遵守规则，自觉地提高工作素养。

（三）感染员工

领导发挥表率作用进行示范，带动大家，这样才会形成习惯。领导做到了，员工会想："我们要向领导看齐，做个负责敬业的员工。""领导穿得那么整洁，我们也要保证干净整洁。"反之，如果领导都不起带头作用，制定的规则将形同虚设，不起任何作用。如果领导在公共场所大喊大叫，员工会说："领导都这样，还要我们不准喧哗！"

二、专设工作礼仪培训

企业为了使员工具备良好的工作礼仪，需要推进工作礼仪活动，及时对员工进行工作礼仪的培训和指导。企业通过对员工的工作礼仪进行培训，可提高员工的工作素养，同时可有效塑造企业的形象，给客户留下规范、有礼、有节的良好印象。除了企业对员工的工作礼仪进行培训之外，员工自身也应在工作中进行工作礼仪的培养，时刻注意自我行为是否符合礼仪规范，以便给上级、同事和下属等留下良好的印象。

（一）推行文明礼貌活动

见面说一声"您好"，有错应说"对不起"，得到别人帮助说声"谢谢"等，如果员工遵循这些文明礼貌活动，就会养成一定的工作素养。企业管理人员可通过对员工的日常进行观察，确定其行为是否符合礼仪规范，从而确定其在此方面是否具有工作素养。

（二）工作礼仪培训

企业可对员工进行仪容仪表、工作礼仪和工作纪律等规范的培训，以直接促使员工提升工作素养。工作礼仪培训常见的内容主要有：

（1）电话礼仪：包括接打电话的礼仪。

（2）接待礼仪：包括客户会面、交谈、膳食安排及送客等礼仪。

（3）社交礼仪：主要包括握手、问候的礼仪。

（三）提醒工作礼仪禁忌的事项

工作礼仪是员工工作素养的外在表现。养成良好的工作习惯，需要从小事做起，需要严格遵循公司规定。例如：下面这些都是员工素质不高、不具有良好的工作礼仪的表现，在工作中都是禁忌，是需要改正的。

（1）没有当面请假就离开工作岗位。

（2）在上班时间上网、玩游戏。

（3）在上班时间聊天。

（4）偷听他人讲话。

（5）传播小道消息。

（6）对同事或客户冷淡漠然。

（7）会议座次安排不合时宜。

（8）在工作场所大声喧哗。

（9）设备不擦拭，不能随时整理清扫，不能保持工作场所的干净整洁。

（10）办公桌上堆满了信件、报告、备忘录之类的东西。

三、推行班前班后会

（一）班前班后会的作用

班前班后会是一个非常好的提升员工素养的方式，通过班前班后会，企业可对员工的精神状态、仪容仪表等情况进行检查，从而保证员工处于良好的工作状态。

（二）班前班后会的要求

在5S管理中，企业管理人员要不厌其烦地指导员工做整理、整顿、清扫、清洁和素养工作，其目的不仅仅在于希望员工将东西摆好，将设备擦拭干净，更主要的是通过琐碎、简单的动作，潜移默化地提升员工的素质，使其养成良好的行为习惯。良好的行为习惯要从每一件小事做起，"勿以善小而不为，勿以恶小而为之"。工作中常见的好的行为习惯包括：

（1）用完的工具、物品放回原位。

（2）作业人员按照作业标准进行作业。

（3）不经常请假或者缺勤，按时上下班。

（4）不在工作时间闲聊或者干与工作无关的事情，按时完成工作任务。

（5）在办公室和会议室把手机关掉或调成静音等。

（6）及时进行整理、整顿，保持办公桌的清洁、有序。

试想如果一走进办公室，抬眼便看到办公桌上堆满了信件、报告、备忘录之类的东西，就很容易感到心情不佳。更糟的是，这种情形也会让员工自己觉得有堆积如山的工作要做，可又毫无头绪，不知从何做起。面对大量的繁杂工作，员工还未工作就会感到疲惫不堪。凌乱的办公桌无形中会加重员工的工作任务，冲淡员工的工作热情。因此，如果办公室整洁、有序，就能够提高工作效率和工作质量。如果企业内的员工都能养成良好的习惯，按照5S管理的要求行事，遵守共同约定的事项，那么企业在提高员工的整体素养的同时，也能保证自身的不断发展。

四、建立奖惩制度

（一）激励与约束

企业需建立科学合理的奖惩制度，对员工进行激励与约束。试想在一个企业中，有人经常上班迟到，却没有受到任何处罚，或没有被制止，新来的员工看到这种情况会怎样看待企业的规定？

（二）工作纪律的强制性

工作纪律是强制性的规章制度，员工必须严格遵守，以保证企业生产、经营及各项管理工作有序、高效地进行。要养成良好的工作素养，也需要自觉遵守工作纪律。只有员工在工作中自觉遵守工作纪律，才能养成良好的行为习惯，从而形成良好的工作素养。试想一个不按时上下班、上班时插科打诨、不遵守工作纪律的人，怎么可能具有良好的工作素养？

（三）工作纪律内容

工作纪律主要内容见表7-1。

表7-1 工作纪律内容

序号	项目	要求
1	考勤纪律	按规定的时间、地点到达工作岗位，按要求请假、休假
		假期包括事假、病假、年休假、探亲假等
2	办公纪律	生产车间和办公室等都需要遵循办公纪律，不得违反
3	会议纪律	严明会议纪律，维持会场秩序，保证会议质量和效果
4	保密纪律	保守企业的商业秘密和技术秘密
5	奖惩制度	严格遵守奖励与违纪惩罚规则
6	其他纪律	与工作紧密相关的规章制度及其他规则

（四）自觉遵守工作纪律

企业如何让员工遵守工作纪律，这也是一个难题。通常企业管理人员通过制定规章制度的办法来要求员工遵守工作纪律，但是无论如何规定，最主要的还是需要员工自觉遵守，否则企业制定再多的规章制度，也没有任何意义。

●边学边练●

　　6人为一组，模拟召开车间班前班后会，按照5S管理的要求行事，遵守共同约定的事项。做好训练后，写一篇600字左右的心得体会。

任务三 素养养成的推进重点

微课7-3

素养养成的
推进重点

一、实施改善活动

（一）全员实施自主改善

在全体员工范围内实施自主改善活动，任何人遇到问题都须及时提出并及时改正，避免不合理现象再次发生。

（二）不找借口，不推责任

企业在培养员工素养的过程中，难免遇到员工找借口推卸责任，不想遵守企业规定或想要逃避处罚等情况，这是造成素养活动无法有效实施的原因之一。比如，员工以工作太忙为借口，没有将用过的工具放回原位，或员工在迟到时找借口说"我本来不会迟到的，但是天下雨，又塞车"等。员工想要提升自身素养，养成良好的行为习惯，就不要找借口推卸责任，总是找借口，做什么事都难以成功。

1.避免找借口

员工只要做到不找借口、不推卸责任，就能够形成良好的行为习惯，从而养成良好的工作素养。要做到：

（1）一分钟也不要拖延。

（2）不找借口，干了再说。

（3）今日事，今日毕。

2.员工要明确的事项

（1）不找借口、不推卸责任，"最难完成"的任务也能完成。

（2）不找借口、不推卸责任，"最难解决"的问题也能解决。

（3）不找借口、不推卸责任，"最难处理"的关系也能处理。

（4）不找借口、不推卸责任，"最难改掉"的习惯也能改掉。

3.惩处手段

对于那些总是喜欢找借口、屡教不改的员工，公司必须采取强有力的手段对其进行惩处。只有这样才能让员工明白素养推行工作是势在必行的，同时基层主管和员工

155

也会予以重视，变压力为动力，保证素养活动持续开展下去。

（三）没有例外保护规则

在素养活动推行的过程中，总是有这样或那样的例外情况，如放置的地点和方法明明已经作了规定，但实际工作中员工常常以"就稍微放一下"或者"马上就回来，先放这里"等借口乱放。可是实际上所谓的"暂时放置"的物品，并不是暂时放置一下而已，很多时候会一直放在那里。这样就造成存放物品的地方放置了很多不该放置的东西，对此员工可能会心存不满。一定要杜绝此类事情的发生，对破坏规则的人员进行严厉的惩处。企业只要允许一个例外，规则也就将不再被遵守。就如同"破窗效应"一样，一个房子如果窗户破了，没有人去修补，时隔不久，其他的窗户也会莫名其妙地被人打破；一面墙，如果出现一些涂鸦没有被清洗掉，很快墙上就会布满了乱七八糟的涂鸦；一个很干净的地方，人们不好意思丢垃圾，但是一旦地上有垃圾出现，人们就可能毫不犹豫地丢掷垃圾却丝毫不觉羞愧。5S推行人员在保护规则不被破坏时，需要坚持以下原则：

（1）需要对员工说明为什么不能有例外的情况发生。

（2）提前让员工意识到不能存在例外情况，避免员工存在侥幸心理。

（3）提前制定奖惩规定，对破坏规则的人员进行惩处，对遵守规则的人员进行奖励。

（4）员工不认同公司的做法，可提出来进行商议，但在规则未修订前，其必须遵守。

（5）领导也必须遵守，不允许有任何例外破坏规则。

公司规则一览表示例见表7-2。

表7-2　　　　　　　　　　　　　　公司规则一览表

具体规则	遵守的标准	遵守的时间
衣着得体	按照公司的着装标准进行	上班前进行衣着装扮的检查，工作中随时检查
礼貌问候	礼貌地、精神抖擞地进行问候	在遇到公司同事时 在来到公司或离开公司时 客户来访及离开时 出差或外出归来时
礼貌待人	员工待人必须使用礼貌用语，如"谢谢""不好意思""对不起"等	在公司的任何时候都要使用礼貌用语
及时整理工作现场	达到除了必需品之外没有其他物品的状态	在工作结束时随时进行
用过的物品归回原位	恢复到原来的状态	在工作结束时随时进行
工作现场清扫干净	清洁脏污，使现场干净整洁，没有遗漏	休息间隙随时进行 一段工作结束之后进行 下班后或上班前进行

二、建设企业文化

（一）企业文化的层次

企业文化又称公司文化，是企业全体员工在长期生产经营管理实践中形成的，并被员工所认同的价值观，思维方式和行为方式的总和。如图7-1所示，企业文化包括企业视觉文化、企业行为文化和企业理念文化三个层次。这三个层次的企业文化由外而内形成一体，相互也产生影响，而且是动态的，不是一成不变的。很多企业都根据公司的发展情况调整企业文化。

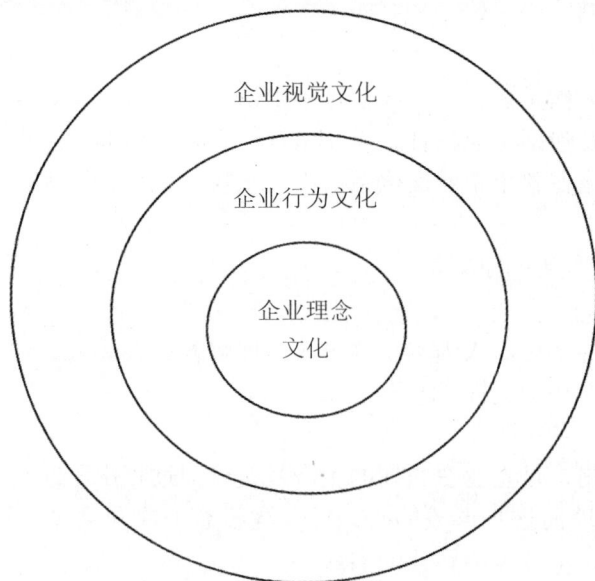

图7-1　企业文化的层次

（二）企业文化的内容

1.企业视觉文化

企业视觉文化是企业文化的物质层，是企业员工创造的产品和各种物质设施等构成的文化，是企业员工的价值观、精神面貌的具体反映，尽管它是企业文化的最外层，但却集中地表现了一个企业在社会上的外在形象。企业视觉文化主要体现在以下几方面：

（1）企业产品，包括有形产品和无形服务，有形产品就是指产品的品质、特色、品牌和包装等。无形服务就是能给顾客带来心理满足感和信任感的售后服务等。

（2）企业的名称、标志，标准字、标准色，公司的司歌、司服等，这是企业视觉文化最集中的外在体现。

（3）企业外貌，包括自然环境、建筑风格、办公室和车间的设计、布置方式、绿化美化等。

（4）企业对员工素质培养的手段和方式。比如，给员工工作场所提供必要的安全卫生设施，为提高员工素质、知识技能所采取的职业培训、文化教育等，还包括企业的内部报纸、内部期刊和招贴画等。

2.企业行为文化

企业行为文化位居企业文化的中间层，是指企业规范化管理方面的所有规章制度、章程、标准等。它是企业员工行为规范的约束机制，是形成良性企业文化的保证。企业行为文化主要包括以下三个方面：

157

（1）企业领导体制。它是指企业领导方式、领导结构、领导制度的总称。

（2）企业组织机构。它是指企业为了有效实现企业目标而筹划建立的企业内部各组成部分。

（3）企业管理制度。它是指企业在进行生产经营管理时所制定的，起规范保证作用的各项规定或条例。

3.企业理念文化

企业理念文化是指企业在生产经营过程中形成的一种具有本企业特征的精神成果和文化观念。它主要包括企业精神、企业宗旨、企业价值观、企业愿景和团队精神等内容。企业理念文化在整个企业文化系统中处于核心地位，是一种意识形态上的深层企业文化。

（三）建设企业文化的原则

1.人本化原则

建设企业文化要坚持以人为本，尊重人、理解人、关心人、塑造人，充分调动员工的积极性、主动性和创造性。

2.实践性原则

一个企业的文化，是企业在长期的生产经营管理过程中不断总结经验，不断探索研究，不断发掘整理而逐步形成的。因此，建设企业文化要从实际出发，不能凭想象，不能闭门造车，不能脱离企业的实践。

3.时代性原则

建设企业文化要着眼于时代、着眼于发展、着眼于未来，要符合市场经济的要求。

4.个性化原则

企业要结合自己的历史传统和经营特点，建设具有本企业个性特色的企业文化。

首先是要创立企业文化礼仪。企业文化礼仪是指企业在长期的文化活动中所形成的交往行为模式。比如上下级见面互相问好等。

其次是要营造企业文化氛围、塑造企业形象。企业文化氛围是指笼罩在企业整体环境中，体现企业所推崇的特定传统、习惯及行为方式的精神格调。良好的企业文化氛围对于企业员工具有积极的、健康的、催人向上的影响作用。比如定期的团建旅游、运动会都是在营造积极的氛围。企业形象是企业文化的外化表现，是外界对企业文化的直接感受，是社会公众对一个企业的全部看法和评价。它具体表现为产品形象、环境形象、员工形象、管理形象、公共关系形象等。比如张瑞敏砸劣质冰箱的举动被传播后，给人的印象就是海尔注重品质保障。随着公司不断的发展，海尔也成为中国第一个具有世界影响力的品牌。

最后是要提炼企业精神。企业精神是指企业结合自身发展需要，综合将企业家的思维、先进企业的优秀理念、民族传统的文化精华和当代社会的文化精髓等文化因素提炼在一起，形成符合企业性质特点的文化理念。比如，我国在传统文化中有自强不息、厚德载物、勤奋睿智、天人合一等大量的优秀思想，很多企业都是在此基础上体验演绎和升华自身的企业文化的。比如，"同修仁德，济世养生"是对同仁堂作为中医药企业的初心、使命和精神的概括和总结，表达的是同仁堂人立志以服务人类健康为己任的理想和追求。再比如，在传统文化中，龙寓示着远大的理想、坚定的信念；马寓示着脚踏实地，真诚实在做人，勤劳踏实做事。马应龙药业集团就倡导"龙马精神"，将马的德范与龙的精神相呼应，追求行为与理念、务实与务虚的统一。

（四）企业文化建设措施

1.成立企业文化领导小组

要成立企业文化领导小组，人员包括企业的最高领导者，各中层部门经理，适当的情况下还可以吸收来自外部的企业文化咨询专家、一线员工中有代表性的人员等。

2.构建企业文化的工作机构

要构建企业文化的工作机构，比如很多企业建立企业文化中心、企业品牌部等。

3.设立专项基金

应当设立专项基金，包括宣传费用、教育培训费用、文化娱乐费用、企业文化设施费用等。

4.企业文化的动员

应该在全员范围内进行企业文化的动员，比如邀请专家进行专题讲座，选派相关人员外出学习交流都是很好的方法。

5.建立企业文化考评机制

应该建立企业文化考评机制，对企业文化阶段性的效果进行评估，这样才能保证企业文化能够长期地坚持下去。

企业文化的落后比企业技术的落后更可怕，先进的技术可以买来，而企业文化是在日常行为中逐渐形成的。因此，建立良好的企业文化，对于企业发展具有重要的促进作用。

●边学边练●

结合调研现实中的公司，对比三家以上公司企业文化的层次和内容，说出它们有什么异同之处。

三、确保素养工作持之以恒

（一）发现问题

员工的素养是不可能在短期内养成的，素养工作是一项需要持久坚持的工作，只有坚持，才能培养员工良好的工作习惯，最终内化为优良的素养，企业也才能持之以恒地贯彻整理、整顿、清扫等一系列活动。

以善言无瑕集团有限公司为例，为了提升员工素养水平，善言无瑕集团有限公司大刀阔斧地推行了3个月的素养工作，现场变化很大，上下都很振奋。但是活动结束后，到了第4个月，当管理人员再次打开工具柜时，却发现工具放得横七竖八，甚至还放着员工没吃完的面包牛奶。那么，该如何应对此类问题呢？

（二）解决方案

1.检查评比

坚持检查评比是素养工作持之以恒的关键。坚持素养工作比推行素养工作更难，仅靠部门和员工的自觉远远不够，还要坚持用检查评比的方式对员工进行时时督促。要根据成绩优劣，在工资或奖金上有所体现，引起大家的重视。

2.月月新鲜

坚持方法技巧月月变。天天强调素养工作，是很烦闷和枯燥的事情，可以每个月进行一项主题活动，如寻宝、工具柜大献宝、知识抢答竞赛活动等，使员工保持浓厚的兴趣和新鲜感。

3.荣誉责任

坚持不断改善，不断前进。素养工作推行一个阶段后，可以举行一些授牌和星级评比活动，把责任、荣誉交给员工，让员工从被动到主动，积极完成自己的工作，不断改善，不断前进。

4.创意分享

设置素养工作的动力加油站。一个好的创意，可以解决很多原来的棘手问题，达到意想不到的效果。通过员工积极开动脑筋，自己动手，自己设法解决问题，并互相学习和分享，能够不断碰撞出新的火花，带动整个活动走下去。

（三）创建员工成长记录表

员工成长记录表促进好习惯共同成长。员工无法一下子就成长起来，企业管理人员需对员工进行培养，使其逐渐成长为具有良好工作习惯的员工。建立员工成长记录表，见表7-3，定期对员工的素养状况进行检查，对于成长状况不理想的可根据情况对其进行个别指导。

表7-3   **员工成长记录表**

岗位	姓名	目标	成长记录			
			2023.03.30	2023.06.30	2023.09.30	2023.12.30
总经理	李乐东	具有良好的工作素养，遵守规则				
部门主管	于冬天	能够维持好自己的责任区域				
员工	兰青敏	既定的事情可以做好，养成良好的工作习惯				

企业管理人员在对员工素养进行培养的过程中，自身也需要养成良好的行为习惯，提高自身的素养，避免出现只注重员工的素养，而不注重自身素养的情况。素养培养的具体过程如图7-2所示。

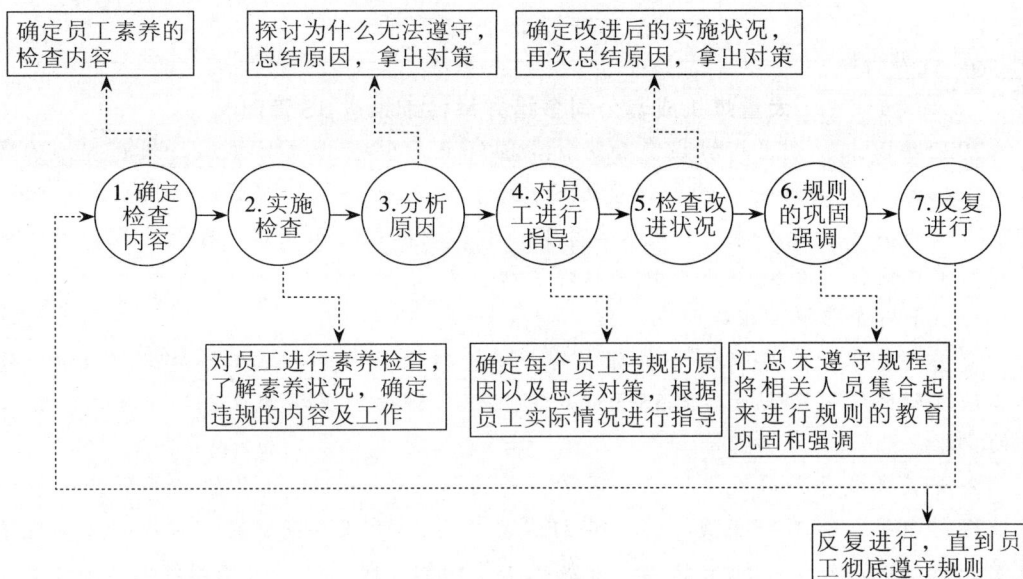

图7-2　素养培养的流程

在员工素养培养的过程中，员工和管理人员可互相进行监督，对于不遵守规则的员工，企业管理人员可进行监督提醒，企业管理人员违反规则时，也需要自觉接受处罚。

四、素养养成效果检查

开展素养活动之后，要对素养活动的各个方面进行检查，以便确定素养养成的效果。素养养成效果的检查方法包括现场观察、考察、查阅记录、交谈、座谈等方式。进行素养效果检查使用的工具通常为员工素养检查表。企业在使用检查表对素养效果进行检查时，需要逐条确定员工是否充分理解每一项检查的目的，并参照检查表逐项对员工进行检查。员工素养检查表主要包括对员工日常5S活动、纪律、仪表、礼仪、行为规范的检查。为了便于检查人员对员工的素养效果进行检查，使现场状况一目了然，就需要拆除部门间的隔断以及架子间的隔板，使现场变成一个通透的大空间，放眼望去，一切可以尽收眼底。

●边学边练●

6人为一组，模拟按照素养培养的流程，针对班组素养养成效果进行检查记录。

中 国 实 践

太重煤机成套公司多措并举持续推进5S管理

2022年以来，太重煤机成套公司紧紧围绕公司5S管理工作要求，认真贯彻落实太重煤机5S管理动员会精神和领导讲话要求，以实现5S管理工作"巩固成果、强化考核、提高水平"为方针，不断求真务实，开拓进取，与时俱进，持续实现公司管理过程的整体优化，在5S管理工作中取得了初步成果。

1. 领导高度重视，组织研究方案

公司领导班子高度重视5S管理工作，第一时间召开了专题工作会议，组织全体职工认真研究学习了太重集团5S管理规定、公司5S管理现场动员会精神和关于5S工作的要求。

太重煤机成套公司成立了以公司董事长为组长的5S管理工作组，先后开展了5S管理规定学习、职工5S意见征求、煤机成套公司5S管理方案制定、对标单位参观学习等多项活动，为公司5S管理工作开展提供了组织保障，并培育了浓厚的工作氛围。

在征集职工意见过程中，公司职工在档案管理、库房管理、桌面管理和员工着装及行为管理等方面提出了16条意见和建议，充分调动起了职工的参与度和积极性。

2. 党员模范带头，发挥先锋作用

根据煤机成套公司5S管理工作方案，公司党支部号召7名党员同志充分发挥党员先锋模范作用，首先开展任务最为艰巨的库房清理工作。在党员的带动下，公司各部门员工特别是女职工踊跃参与，展现出了巾帼不让须眉的气势，经历了3个小时的清理整顿，对公司库房进行了重新规划和优化，库房5S管理工作取得了重要成果。这极大地激发了全体职工开展5S管理工作的干劲和信心。

3. 职工积极参与，合理分工协作

依据煤机成套公司5S管理工作方案，公司对各部门和全体职工重新进行了5S管理责任划分并开展了专项考核，制定了公共区域排班制度和5S管理绩效考核等相关规定，将5S管理工作覆盖进了全部部门、班组和岗位，使5S管理工作深入人心，并形成日常化机制。

在公司5S管理工作的激励和公司领导及党员的带动作用下，公司全体职工迸发出极大的工作热情，互相鼓气加油，呈现出了互相比拼的5S工作氛围。部分职工主动承担起公司所有门窗玻璃的全方位的清洁工作，成为煤机成套公司5S工作的先进个人。

4. 全员团结协作，对标先进单位

在开展5S管理工作的过程中，公司确定了财务资产部和技术中心作为对标先进单位，开展了多次参观学习和调研，反复研讨公司5S工作的不足和缺点，并加以改进。

总体来说，公司取得5S管理工作的初步良好成绩，主要原因是领导能重视、组织有保障、党员能带头、职工有干劲。在接下来的工作中，煤机成套公司将继续以

"咬定青山不放松"的精神状态持续开展5S管理工作，深入贯彻落实"五要五抓五建设"，不断提升精细化管理能力，并以此为契机提升职工素质，促进公司主营业务工作开展，为公司改革脱困注入强大的精神动力。

资料来源　佚名. 持续推进5S管理 | 太重煤机成套公司多措并举夯基础、强管理、抓落实 [EB/OL]. [2023-05-12]. http://www.tytzmj.com/info/1022/1409.htm.

项目小结

通过本项目的学习，应掌握的主要内容包括：认识素养、如何提升员工的工作素养，明确素养养成的推进重点。无论是5S实施还是5S成果的维持，都需要持续开展素养养成，使之习惯化，持之以恒，从而促进企业高质量发展。

项目检测

一、选择题

1.素养的具体内容有（　　）。

A.仪表　　　　　　　　　　　B.仪态

C.礼节　　　　　　　　　　　D.礼貌

E.表情

2.为了保证企业文化的顺利实施，而使企业价值观能够在组织内部落地生根，企业还应在企业文化的实施过程中提供（　　）方面的保障。

A.成立企业文化领导小组　　　B.构建企业文化的工作机构

C.设立专项资金　　　　　　　D.企业文化的动员

E.建立企业文化考评机制

3.员工要明确的事项有（　　）。

A.不找借口、不推卸责任，"最难完成"的任务也能完成

B.不找借口、不推卸责任，"最难解决"的问题也能解决

C.不找借口、不推卸责任，"最难处理"的关系也能处理

D.不找借口、不推卸责任，"最难改掉"的习惯也能改掉

4.确保素养工作持之以恒的解决方案有（　　）。

A.检查评比　　　B.月月新鲜　　　C.荣誉责任　　　D.创意分享

5.企业文化的内容有（　　）。

A.企业视觉文化　　B.企业行为文化　　C.企业理念文化　　D.国内外文化

二、判断题

1.待人要求不因对某人的好恶，而影响自己对其工作的评价。（　　）

2.考勤纪律要求员工按规定的时间、地点到达工作岗位，按要求请假、休假。（　　）

三、实践训练

6人为一组，共同开展一个关于素养的行动，连续、反复不断地进行整理、整顿、清扫，在行动前后进行拍照对比，利用实用工具进行记录。

主要参考文献

［1］越前行夫. 5S 推进法：图解生产实务［M］. 尹娜，译. 北京：东方出版社，2011.

［2］刘治宏，张德华，戚俊丽. 企业现场管理实务［M］. 4 版. 北京：中国人民大学出版社，2022.

［3］乐涛. 300 张现场图看懂精益 5S 管理［M］. 北京：中华工商联合出版社，2017.

［4］李锋，黄德力. 图解 5S 运作精益化管理［M］北京：中国劳动社会保障出版社，2014.

［5］加藤治彦. 现场管理［M］. 郑新超，译. 北京：东方出版社，2015.

［6］准正锐质中心. 图解 5S 现场管理实务［M］. 北京：化学工业出版社，2012.

［7］陈国华. 现场管理［M］. 3 版. 北京：北京大学出版社，2023.

［8］姚水洪，邹满群. 现场 6S 精益管理实务［M］. 北京：化学工业出版社，2013.

［9］马蔚然. 企业行政管理［M］. 4 版. 大连：大连理工大学出版社，2022.

［10］滕宝红. 6S 精益推行图解手册［M］. 北京：人民邮电出版社，2014.

［11］张永良. 管理学基础［M］. 3 版. 北京：北京理工大学出版社，2018.

［12］胡国栋. 海尔制［M］. 北京：北京联合出版公司，2021.

数字资源索引